선생님, 숫자가 참 좋아요

미국 초등학교 경제교과서
베스트 20종을 꼼꼼히 분석하여
가장 한국적인 어린이 경제교과서로 탄생한

돈과 숫자로 배우는 A⁺경제교과서!

1권 - 선생님, 돈이 참 재밌어요

2권 - 선생님, 숫자가 참 좋아요

돈과 숫자로 배우는 'A⁺ 경제교과서 ②'

선생님, 숫자가 참 좋아요

• 이영직 지음 •

머리말

돈과 숫자로 경제교육을 시켜라!

세계적인 명문가들은 자녀교육을 할 때 독서와 토론 그리고 조기 경제교육을 시킨다는 공통점이 있습니다. 어릴 때부터 인문 분야의 폭넓은 독서를 통해 올바른 인생관을 세우고, 자유로운 토론을 통해 상대방을 설득하는 능력을 기르도록 합니다.

　무엇보다도 어릴 적부터 철저한 경제교육으로 자신만의 경제관념을 세울 수 있게 합니다. 그래서인지 미국 시사지 〈타임〉은 부자들의 자녀교육을 이렇게 표현했습니다.

"내 아이 부자로 살게 하려면 9살부터 경제교육을 시키고 23살에 독립시켜라!"

"120살까지 살 내 아이, 돈을 밝히는 아이가 아닌 돈과 숫자에

밝은 유대인 아이처럼 키워라!"

학교 시절 열등생에 가까웠던 처칠을 위대한 정치가로 키워낸 바탕에는 인문 분야의 폭넓은 독서가 있었고, 케네디를 미국 대통령으로 키운 바탕에는 철저한 토론교육이 있었습니다.

이 책에서 전달하고자 하는 메시지는 "인생에서의 부의 크기는 어릴 적부터 몸에 밴 습관에 의해 결정된다."는 것입니다. 결국 어릴 적부터 익힌 돈에 대한 태도와 돈과 숫자에 관한 교육이 아이를 부자로 만든다는 것이지요.

돈 속에 숫자가 들어 있고 숫자 속에 돈이 들어 있습니다. 세계 금융의 본거지인 월가에 경제학 박사보다 수학 박사가 더 많은 이유도 거기에 있습니다. 월가는 수학을 통해 다양한 수익 창출 방법과 위험 분산 기법을 개발했습니다. 주식, 채권, 외환, 금리를 토대로 한 파생상품에서 그치지 않고 다시 그 파생상품으로부터 2차 파생상품까지 만들고 있습니다. 수학을 모르면 '금융맹'이 되는 것이 월가의 현실입니다.

세계적으로 부자를 가장 많이 배출한 유대인은 자녀들에게 숫자와 함께 인맥과 정보를 가르치고, 화교들은 자녀들에게 신용을 가르친다고 합니다. 유대인들의 지혜서인 《탈무드》와 《구약성서》는 온통 숫자로 가득합니다. 그들은 어려서부터 숫자와 정보 속에서 살고 있는 것이지요.

이스라엘에서는 학교에서도 구구단을 가르치지 않습니다. 여기에는 구구단의 심오한 이치를 스스로 터득하게 하려는 그들의 배려가 담겨 있습니다.

'7이 3개면 21, 아하 그래서 7×3=21이구나!'

이렇게 아이가 스스로 깨달을 수 있게 가르칩니다.

유대인 출신의 세계적인 투자가인 워렌 버핏은 자녀에게 '돈에는 반드시 대가를 치러야 한다'는 것을 가르치기 위해서 용돈을 그냥 주지 않았습니다. 그리고 손녀에게는 함께 신문을 읽고 모의주식투자 놀이를 하면서 자연스럽게 경제에 눈을 뜰 수 있게 하였습니다.

아인슈타인이 수학 공식으로 사물을 보았듯이 부자로 성공한 사람들 또한 사물을 수치로 봅니다. 이것은 삶의 목표가 숫자로 명료하게 정의될수록 부자가 될 확률이 그만큼 높아진다는 의미입니다.

숫자에 눈을 뜨기 시작하는 초등학교 4학년 정도가 되면 숫자와 함께 경제의 의미를 가르쳐야 합니다.

미국을 비롯한 선진국들은 초등학교 4학년 정도가 되면 돈과 관련된 경제와 숫자교육이 필수과목으로 지정됩니다. 그만큼 어렸을 적의 경제교육을 중요하게 생각하는 것입니다. 그러나 우리나라는 이런 교육이 아직 전무한 상태입니다.

이 책에서는 자녀의 인생에 필요한 돈과 숫자의 개념을 집중적으로 다루고, 경제 전체의 흐름을 이해하기 위한 초보적이면서도 기본적인 경제이론을 쉽게 풀어서 담았습니다. 이 책이 엄마와 함께 읽는 교실 밖에서 배우는 경제교과서가 되어, 조기 경제교육의 기폭제가 되었으면 하는 바람입니다.

이영직

차례

머리말 돈과 숫자로 경제교육을 시켜라! 4

(으랴차차, 숫자에 강해지자!)

숫자에 강하면 돈에도 강하다 12 | 무궁무진한 숫자의 상상력 17 | 내 부자지수는 몇 이나 될까? 21 | 전체와 부분을 나타내는 삼총사 25 | 이번 시험 평균은 몇 점이지? 29 | %랑 %P랑 다르다고? 34 | 알면 알수록 신기한 수비학 37 | 정다면체에 대한 사고훈련 42

TIPS • 생각을 말랑말랑하게 해주는 두뇌퀴즈 46

(세상을 보는 눈, '확률과 통계')

통계를 모르면 눈을 뜨고도 코가 베어요! 54 | 거짓말, 빌어먹을 거짓말 그리고 통계 58 | 확률은 전체를 다루는 학문 61 | 확률의 사건 삼총사 64 | 확률 따라서 성공의 지름길 가자! 68 | 조건부 확률, 몬티홀의 법칙 72 | 약육강식이 통하지 않는 확률의 나라 75 | O.J. 심슨을 살린 이상한 확률 78

TIPS • 세계 화폐 속 '0'의 개수 81

돈이 번 돈, '이자'

암소 한 마리의 이자는 송아지 한 마리? 86 | 단순해서 단리, 복잡해서 복리라고? 90 | 복리의 마술과 '72의 법칙' 93 | 무시무시한 사채의 비밀 96 | 내게 맞는 금리상품에는 뭐가 있을까? 101 | 은행이 가장 무서워하는 것? 104 | 가난한 사람들만 이용할 수 있는 은행 108

TIPS • 내 통장을 불려주는 금융상품 112

돈이 되는 물건에는 뭐가 있을까? '주식, 선물, 부동산, 경매'

내가 기업의 주인이 된다고? 주식 118 | 오마하의 현인과 두 얼굴의 사나이 122 | 살아있는 경제교육, 모의투자 128 | 미래의 시장에서 거래해요, 선물시장 131 | 알쏭달쏭 선물과 옵션의 차이 135 | 기상천외, 별난 금융상품들! 138 | 보이고 밟히는 돈, 부동산 141 | 저요! 저요! 두근거리는 경매놀이 145

회계를 모르면 부자가 못돼요!

숫자로 된 보고서, 회계 150 | 우리는 회계 삼총사 156 | 튼튼하고 잘생긴 기업을 찾는 방법! 159 | 진짜 모습을 보여줘! 분식회계 163 | 눈덩이처럼 불어난 거짓말의 최후, 미국의 금융위기 167 | 기업인들의 세계 공통어, IFRS를 아시나요? 170

쉽게 찾아보세요 173

숫자에 강하면 돈에도 강하다
무궁무진한 숫자의 상상력
내 부자지수는 몇이나 될까?
전체와 부분을 나타내는 삼총사
이번 시험 평균은 몇 점이지?
%랑 %P랑 다르다고?
알면 알수록 신기한 수비학
정다면체에 대한 사고훈련
TIPS 생각을 말랑말랑하게 해주는 두뇌퀴즈

으라차차, 숫자에 강해지자!

숫자에 강하면
돈에도 강하다

돈 속에 숫자가 들어 있고 숫자 속에 돈이 들어 있습니다. 세계 금융의 본거지인 월가에는 경제학 박사보다 수학 박사가 더 많습니다. 월가는 수학을 통해 다양한 수익 창출 방법과 위험 분산 기법을 개발했어요. 주식, 채권, 외환, 금리를 토대로 파생상품을 만들고, 다시 그 파생상품으로부터 2차 파생상품까지 만들고 있습니다. 수학을 모르면 '금융맹'이 되는 것이 월가의 현실입니다.

파생상품이란 채권, 금리, 외환, 주식과 같은 기초자산의 가치가 변함에 따라 가격이 결정되는 상품입니다. 여기서 거래되는 것은 금융상품 자체가 아닙니다. 파생상품은 '금융상품 가격의 움직임'을 상품화한 것이죠. 이러한 파생상품의 종류는 대략 1,200종에 달한다고 합니다.

채권 [債券]
정부, 공공기관, 특수법인과 주식회사 형태를 갖춘 사적기업이 일반 투자자들에게 자금을 빌리기 위해 발행하는 일종의 차용증서입니다.

미국 주식시장에서 금융 산업이 차지하는 비중은 1980년 5.2%에서 2007년에는 23.5%로 증가했습니다. 모두 수학을 알아야 이해할 수 있는 상품들이죠. 우리나라 금융계에도 수학자들의 비중이 나날이 늘고 있습니다. 숫자와 돈의 상관관계를 보여주는 현상이죠.

숫자의 위력을 말해주는 일화가 있습니다. 소설가이자 정치가로 영국 수상을 지낸 디즈레일리는 통계수치를 잘 인용하는 것으로 유명했습니다. 그는 의원들의 질문에 메모지를 꺼내 숫자를 또박또박 읽으면서 의원들을 압도했지요.

어느 날 그는 의회 답변을 마치고 돌아가던 중 메모지를 바닥에 떨어뜨렸습니다. 그의 통계 숫자에 주눅이 들어 있던 의원 한 명이 재빨리 그 메모지를 주워들었죠. 그러나 그것은 아무것도 적혀 있지 않은 빈 종이였습니다.

사실 디즈레일리는 숫자를 모두 외우고 있었습니다. 그는 자

> **마지노선** [Maginot Line]
> 제1차 세계대전 후에 프랑스가 독일군의 공격을 막기 위해 국경에 세운 방어시설입니다. 마지노 장군의 건의로 만들어졌다 하여 마지노선이 되었는데요, '최후 방어선'이라는 의미로 쓰입니다.

신이 인용하는 숫자가 틀림없다는 확신을 주기 위해 일부러 메모를 보는 것처럼 행동하여 의원들을 꼼짝 못하게 만들었던 것입니다.

부자 습관을 지닌 사람은 부자가 될 확률이 높습니다. 작은 돈은 스스로 노력해서 벌 수 있지만 큰돈은 확률을 이용해야만 벌 수 있습니다. 전자와 후자의 차이는 호미와 트랙터의 차이만큼 큽니다. 확률은 곧 수학입니다. 큰돈을 벌려면 숫자에 강해야 합니다. 이것이 백만장자가 되는 비결입니다.

2008년 미국의 CNN 머니CNN Money에서는 '부자와 숫자'라는 제목으로 부자가 되기 위해서 반드시 지켜야 할 5가지 법칙을 소개했습니다. 그 내용을 한번 살펴볼까요?

10%의 법칙

부자가 되는 첫걸음은 종잣돈 만들기입니다. 그러기 위해서는 수입의 10%는 무조건 저축을 해야 합니다. 이것은 고대 바빌론 사람들이 자산을 관리하던 원칙이기도 합니다.

물론 그 이상이면 더 좋습니다. 10%는 마지노선이에요. 최소한 10%는 저축을 해야 한다는 의미죠. 보통 사람의 경우 평생

수입의 10%만 꾸준히 저축하면 풍요로운 노후를 보장받을 수 있다고 합니다.

35%의 법칙

온전히 자신의 돈만 가지고 살아가는 사람은 없습니다. 우리나라 사람들은 대부분 결혼하여 처음 집을 장만할 때 은행에서 돈을 빌립니다. 35%는 돈을 빌리는 것에 관한 법칙이에요. 남에게 돈을 빌릴 때에는 갚아야 할 금액이 수입의 35%를 넘지 않도록 하라는 것입니다.

120의 법칙

이것은 자산을 투자할 때에 적용되는 법칙입니다. 120이라는 숫자에서 자신의 나이를 빼고 나온 숫자만큼은 다소 공격적인 곳에 투자를 해도 좋다는 의미이죠. 나이가 30세의 청년이라면 120-30=90이 됩니다. 자신이 가진 자산의 90%는 위험성이 있지만 수익률은 높은 곳에 투자를 하라는 의미이죠. 이 계산에서도 볼 수 있듯이, 나이가 들수록 공격적인 투자의 비율은 줄여야 합니다.

20배의 법칙

이 법칙은 은퇴 준비에 관한 법칙입니다. 은퇴할 때까지 월 평균 지출의 20배를 저축하라는 것인데요, 월 300만 원의 지출을 하는 사람이라면 그의 20배인 6,000만 원은 여유자금으로 가지고 있어야 여유 있는 노후를 맞이할 수 있다는 것입니다.

3개월의 법칙

한 달 생활비의 3배, 즉 3개월 생활비는 항상 현금화할 수 있는 형태로 가지고 있어야 한다는 법칙입니다. 3개월 정도의 비상금을 현금 형태로 보유하라는 것이죠.

무궁무진한 숫자의 상상력

숫자를 잘 알아도 이것을 사람들에게 적절하게 표현할 줄 모르면 아무 소용이 없습니다. 고사성어 중에 조삼모사朝三暮四 라는 말이 있습니다. 조朝는 아침, 모暮는 저녁을 의미하는 한자 어에요.

옛날 중국 송나라에 저공이라는 사람이 있었습니다. 그는 원숭이들을 기르고 있었어요. 살림이 어려워지자 그는 원숭이들의 먹이 값을 줄이기로 했습니다. 그리고 원숭이들에게 이렇게 말했어요.

"먹이가 부족하니 너희들에게 주는 도토리를 아침에는 3개, 저녁에는 4개로 줄이겠다."

그러자 원숭이들이 난동을 부렸습니다. 저공은 다시 원숭이들에게 이렇게 말했어요.

"그러면 아침에는 4개, 저녁에는 3개로 바꾸겠다."

그러자 원숭이들이 좋아했다고 합니다. 조삼모사는 이 이야기에서 비롯되었어요. 똑같은 7개의 도토리이지만 어떻게 표현하느냐에 따라 느낌이 달라진다는 의미이죠.

이 이야기는 남을 속여서 놀리는 것을 가리키는 속담이지만 상황에 맞게 숫자를 구사할 줄 알아야 한다는 의미로도 읽을 수 있습니다. 이와 같이 숫자를 이용한 일은 일상생활에서 자주 일어납니다.

다음 이야기는 이웃나라 일본에서 있었던 일입니다.

야구 경기가 벌어지는 경기장의 직원들은 머리를 싸매고 회의를 하고 있었습니다. 주말에 홈 경기장에서 야구 경기를 하는데, 관중을 모을 좋은 방법이 떠오르질 않았던 것입니다. 홈팀과 상대팀과의 전적은 1승 2무승부였습니다. 그러자 홍보팀 직원이 기발한 아이디어를 냈습니다. 그들은 홍보를 할 때 이렇게 외쳤습니다.

"주말에 맞붙을 상대팀과의 경기는 지금까지 3전 무패입니다.

아직 한 번도 진 적이 없습니다. 이번에도 멋진 승부를 구경하십시오!"

그러자 경기장은 만원이 되었다고 합니다. 1승 2무승부나 3전 무패나 같은 말이지만 3전 무패라는 쪽이 훨씬 더 강하게 느껴지지 않나요? 이것이 숫자의 신비한 매력입니다.

숫자는 뚜렷하고 분명한 성격 때문에 기업의 광고나 마케팅 수단으로도 많이 활용됩니다. 미국의 유명한 술 광고 중에 이런 내용이 있습니다. 광고는 술병에 술이 절반 정도 담긴 그림을 보여주면서 이렇게 말합니다.

"주인이 보기엔 $\frac{1}{2}$이나 줄었고, 손님이 보기에는 아직 $\frac{1}{2}$이 남았다."

이 말의 의미는 이렇습니다. 주인은 술이 아까운 생각에 벌써 절반이나 마신 것으로 보이고, 손님이 보기에는 아직 절반이 남은 것으로 보인다는 것입니다. 얼마나 좋은 술인가를 보여주는 광고입니다. 이처럼 기업들은 소비자의 기억에 기업의 이미지나 상품을 오래도록 남기기 위한 방법으로 상품이나 광고에 숫자를 곧잘 사용합니다.

우리나라 모 가전업체의 김치냉장고에는 1124라는 숫자가 찍혀 있습니다. 일 년 중 김장을 하기 가장 좋은 날이 11월 24일이라는 의미입니다. 또 다른 의미로는 그렇게 담근 김치를 그 회사의 김치냉장고에 보관하면 1년, 12달, 4계절 맛있는 김치를 먹을 수 있다는 의미라고 합니다.

　일본에서는 333 캠페인이 유행한 적이 있습니다. 333 캠페인은 일본의 모 치약 회사에서 전개한 캠페인인데요. 하루에 3회, 식후 3분 이내에, 입안에서 3분 동안 양치질을 하자는 캠페인이었습니다. 우리나라에도 CM송으로 유행한 적이 있죠. 이처럼 숫자는 숫자 이상의 의미와 힘을 발휘합니다.

내 부자지수는
몇이나 될까?

여러분이 부자로 살 가능성은 어느 정도일까요? 이것을 지수로 나타낸 것이 부자지수입니다. 부자가 될 가능성은 총자산에서 부채를 뺀 순자산이 많을수록, 연봉이 많을수록 높습니다. 또한 나이가 젊을수록 높겠죠. 반대로 순자산이 적을수록, 연봉이 적을수록, 나이가 많을수록 가능성은 낮아집니다.

  이것을 수식으로 바꿔 볼까요?

  유리한 요소들은 분자로 하고 불리한 요소들은 분모로 하겠습니다. 그러면 순자산과 연봉은 분자로 가고, 나이는 분모로 가겠죠? 계산의 편리함을 위해 자산이나 연봉을 '억' 단위로 하면 10 단위인 나이와 균형이 맞지 않으므로 분자에 '10'을 곱하겠습니다. 또한 계산의 결과를 %로 나타내기 위해 '100'을 곱합니다.

$$부자지수 = \frac{(순자산+연봉) \times 10}{나이} \times 100$$

이렇게 해서 나온 결과가 50 이하면 그 사람은 부자가 될 가능성이 상당히 낮다고 합니다. 50~100 사이일 때 나이가 젊으면 부자가 될 가능성이 있지만, 나이가 많으면 부자가 되기 어렵다고 합니다. 100~200 사이는 큰 부자는 아니지만 여유 있는 생활을 할 수 있고, 200 이상이면 부자로 볼 수 있습니다.

나이 35세, 순자산 2억, 연봉 4천만 원(0.4억)인 봉춘호 씨의 부자지수를 계산해볼까요?

$$\frac{(2+0.4) \times 10}{35} \times 100 = 68.5\%$$

봉춘호 씨는 나이가 젊고 부자지수 또한 50%를 넘어 부자가 될 가능성은 있지만 현재는 부자가 아닙니다.

예를 하나 더 볼까요?

나이 55세의 김영득 씨는 자영업자로 순자산이 8억, 연소득이 1억입니다. 김영득 씨의 부자지수를 계산해보면 $\frac{(8+1) \times 10}{55} \times 100 = 163.6\%$로 부자는 아니지만 어느 정도 여유가 있는 삶으로 볼 수 있습니다. 만약 김영득 씨의 나이가 40세였다면 지수가 225가 되어 부자로 볼 수 있었겠죠.

부자지수를 고려했을 때, 부자가 되기 위해서는 우선 순자산을 늘려야 합니다. 순자산=총자산-부채이기 때문에 부채를 뺄리 청산하는 것이 부자가 되는 지름길이겠죠.

　부채를 상환하는 방법으로 전문가들은 442 전략을 말합니다. 소득의 40%는 생활비에 쓰고, 40%는 부채를 갚고, 나머지 20%는 투자를 하라는 것이죠. 전문가들은 하루라도 빨리 투자를 하라고 권하고 있습니다.

전체와 부분을 나타내는 삼총사

수학에서 전체와 부분의 관계를 나타내는 방법은 3가지입니다. 분수, 소수, 백분율이 그것이죠. 그럼 이들의 상호관계를 한번 알아볼까요?

분수

분수에서는 분모가 전체를 나타내고 분자가 부분을 나타냅니다. $\frac{1}{5}$은 5를 전체로 할 때 그 중 1이라는 의미입니다. 전체 30명의 학생 중에서 6명이 안경을 꼈다면 전체인 30이 분모가 되고 부분인 6이 분자가 되어 $\frac{6}{30}$ 으로 나타낼 수 있습니다. 이것을 약분하면 $\frac{1}{5}$ 이 되죠.

소수

소수는 0보다 크고 1보다 작은 수로 0 다음에 점을 찍어 나타냅니다. 소수는 분수에서 분자를 분모로 나눈 값인데요, 분수 $\frac{1}{5}$ 을 소수로 나타내면 1÷5=0.2가 됩니다.

백분율

백분율은 흔히 %로 불리는 것입니다. 전체를 100으로 보았을 때 부분은 얼마냐 하는 개념이죠. 100명 중 20명이 안경을 꼈다고 하면 20%가 안경을 낀 것이 됩니다. 그럼 30명 중 6명이 안경을 꼈을 때 안경을 낀 사람은 몇 %일까요?

백분율을 계산할 때는 분수나 소수로 바꾼 다음에 전체를 의미하는 100을 곱해야 합니다. 6÷30=0.2, 0.2×100=20%, 혹은 $\frac{6}{30}$ ×100=20%가 됩니다.

분수를 소수와 %로, 소수를 분수와 %로, %를 분수와 소수로 바꾸는 연습을 해볼까요?

분수를 소수와 %로 바꾸기

$\frac{2}{5}$를 소수와 %로 바꿔봅시다. 먼저 분수를 소수로 바꾸기 위해서는 분자를 분모로 나누어야 합니다. 2÷5=0.4가 됩니다.

분수를 %로 바꾸기 위해서는 분수에 100을 곱하거나 소수로 고친 다음에 100을 곱하면 됩니다. $\frac{2}{5}$×100=40%, 아니면 분수를 소수로 고친 0.4에 100을 곱해서 40%를 얻을 수 있습니다.

소수를 분수와 %로 바꾸기

0.25를 분수와 %로 바꿔봅시다. 소수를 분수로 바꿀 때 소수점 아래의 자릿수가 하나면 분모가 10, 둘이면 분모가 100이 됩니다. 분자는 소수점 아래의 숫자를 그대로 옮기면 됩니다. 따라서 0.25는 $\frac{25}{100}$로 나타냅니다.

우선 숫자를 분수로 바꿔보겠습니다. 0.1=$\frac{1}{10}$, 0.2=$\frac{2}{10}$, 0.3=$\frac{3}{10}$, 0.35=$\frac{35}{100}$, 0.45=$\frac{45}{100}$, 0.55=$\frac{55}{100}$가 됩니다. 이것을 다시 백분율인 %로 나타내기 위해서는 소수나 분수에 100을 곱하면 됩니다. 따라서 0.1×100=10%, $\frac{1}{10}$×100=10%, 0.25×100=25%, $\frac{25}{100}$×100=25%가 됩니다.

%를 분수와 소수로 바꾸기

33%를 분수와 소수로 바꾸려면 분모에는 100을 쓰고, 분자에

는 % 앞에 쓰인 숫자를 옮겨 쓰면 됩니다. 따라서 33%=$\frac{33}{100}$ 입니다.

%를 소수로 바꾸려면 100으로 나누면 됩니다. 예를 들어 33÷100=0.33이 됩니다. 다른 숫자들로 연습을 해보면 1%=$\frac{1}{100}$=0.01, 10%=$\frac{10}{100}$=0.1, 0.1%=$\frac{0.1}{100}$=$\frac{1}{1000}$=0.001, 35.5%=$\frac{35.5}{100}$=$\frac{355}{1000}$=0.355가 됩니다.

이번 시험 평균은 몇 점이지?

평균이란 무엇일까요? 우리가 일반적으로 이해하고 있는 평균의 개념은 '산술평균'입니다. 산술평균이란 여러 수의 합을 수의 개수로 나눈 값을 말합니다. 학생들이 가장 많이 사용하는 평균점수, 국민소득, 평균수명 등이 모두 산술평균이죠.

꺽정이는 중간고사 시험에서 국어 70점, 영어 80점, 수학 90점을 받았습니다. 그렇다면 꺽정이의 평균점수는 얼마일까요? 이때에는 세 점수를 모두 더한 다음에 과목 수로 나누면 됩니다. 공식으로 표현하면 '평균점수= $\frac{70+80+90}{3}$ =80점'이 됩니다.

산술평균은 유용한 정보를 담고 있지만 분포도가 고르지 못하면 자칫 사실을 왜곡할 수 있습니다. 국민총생산인 GNP를 생각해봅시다. GNP는 한 나라의 소득을 모두 합산한 다음 국민의 머릿수로 나눈 값이에요. 대략 GNP 3만 달러를 선진국 진입의 지표로 봅니다.

그러나 GNP 3만 달러가 넘어도 국민의 생활수준은 후진국을 벗어나지 못하는 경우도 얼마든지 있습니다. 중동의 산유국 중에는 GNP 3만 달러가 넘는 나라가 많습니다. 그러나 소득의 대부분을 왕실이나 소수의 귀족들이 차지하고 있어서 GNP가 높아도 국민의 대부분은 가난합니다.

그 외 기하평균, 조화평균 등이 있지만 중·고등학교 과정이므로 생략하고 재미있는 절사평균에 대해서 알아보겠습니다.

절사평균은 김연아 선수의 점수 계산법을 떠올리면 이해하기 쉽습니다. 김연아 선수는 세계 최고기록으로 벤쿠버 동계 올림픽과 그랑프리 대회에서 우승했습니다. 피겨스케이팅에는 9명의 심판이 있습니다. 심판 중에는 한국인도 있고 일본인도 있습니다.

김연아 선수가 나왔을 경우 한국 심판과 일본 심판의 마음은 반대로 작용할 수 있겠죠. 만약 라이벌 관계인 일본 선수도 출전했다면 한국인 심판은 김연아 선수에게 가능하면 가장 높은 점수를 주고 싶을 것이고, 일본인 심판은 가능하면 가장 낮은 점수를 주고 싶을 것입니다. 이럴 때는 가장 높거나 낮은 점수를 준 두 심판의 점수를 빼고 평균을 내는 것이 합당하겠죠? 이것이 절사평균의 개념이에요.

즉, 10점 만점에 심사위원들의 점수가 각각 이렇게 나왔다고 가정해봅시다.

8, 7, 9.5, 8, 9, 7, 8, 7, 4

여기서 9.5점은 한국인 심판이 준 점수, 4점은 일본인 심판이 준 점수일 가능성이 높겠죠?

따라서 가장 높은 9.5와 가장 낮은 4를 뺀 나머지 7개의 점수를 평균하는 것이 바람직합니다. 이것이 바로 절사평균입니다. 절사평균은 가장 큰 부분과 가장 작은 부분을 잘라내고 나머지 값으로 산술평균을 구하는 방식으로, 점수로 채점되는 운동 경기에서 많이 활용되는 방법입니다.

고대 로마인들에게 계산은 무척 번거로운 일이었습니다. 로마에서는 숫자를 1은 I, 5는 V, 10은 X, 50은 L, 100은 C, 500은 D로 표기했습니다. 이 숫자를 사용하여 159×45를 계산해보겠습니다.

일단 159와 45를 로마 숫자로 바꾸면 CVIX, 45는 IVV가 됩니다. 이렇듯 숫자를 표현하는 것도 어려웠지만 '0'의 개념이 없었

> **실수** [實數]
> 유리수와 무리수를 통틀어 말합니다. 사칙연산이 가능하고, 양수와 음수, 0의 구분이 있으며, 크기의 차례가 있습니다.
>
> **허수** [虛數]
> 실수로는 나타낼 수 없는 이차방정식의 근을 나타내기 위하여 만든 수로 제곱하면 음수가 되는 수를 말합니다.

기 때문에 단위가 올라갈 때마다 새로운 기호가 필요했습니다. 보통 까다로운 게 아니었겠죠?

이번에는 중국의 한자를 볼까요? 159×45를 한자로 쓰면 '壹百五十九×四十五'가 됩니다. 바로 숫자가 떠오르지 않죠? 이렇듯 숫자를 문자로 표현했을 때는 계산의 어려움을 겪었습니다. 이런 복잡한 문제를 해결한 것이 바로 숫자 '0'이었어요. '0'은 인도의 공空 사상에서 탄생하여 아라비아를 거쳐 지금 우리가 사용하고 있는 숫자로 정착되었습니다.

편리한 아라비아 숫자의 끝에 '0'만 붙이면 단위가 한 단계씩 올라갔기 때문에 계산이 훨씬 수월해졌죠. '0'이 발견됨으로써 수학은 획기적으로 발전할 수 있었습니다. '0'이 발견됨으로써 양수의 반대 개념인 음수가 생겨났고, 실수의 반대인 허수의 개념까지 생겨날 수 있었죠.

지금 우리가 살고 있는 디지털 세계도 '1'과 '0' 두 개의 숫자로 이루어져 있습니다. 디지털 세계의 인식과 표현도 '0'의 개념이 없었으면 불가능했을 것입니다.

우리는 숫자를 셀 때 백, 천, 만, 억 등의 단위로 읽죠. 하지만 영어에는 '1만' 단위의 개념이 없습니다. 그래서 1만 단위에 익숙한 동양권 사람들은 숫자를 영어로 읽는 것을 어려워합니다.

그럼 영어로는 '1만'을 어떻게 표현할까요? 영어에서는 1만을 '1,000'이 10개라는 의미에서 ten thousand로 씁니다. 그럼 10만은 어떻게 쓸까요? '1,000'이 100개라는 의미로 a$_{one}$ hundred thousand로 표기합니다.

1=one, 10=ten, 100=a$_{one}$ hundred, 1,000=a$_{one}$ thousand, 10,000=ten thousand, 100,000=a$_{one}$ hundred thousand, 1,000,000=a$_{one}$ million, 10,000,000=ten million, 100,000,000=a$_{one}$ hundred million. 이렇게 정리할 수 있습니다.

%랑 %P랑 다르다고?

앞에서 살펴봤듯이 %는 전체를 100으로 볼 때 각 부분에 대한 비율을 나타내는 개념입니다. 따라서 전체가 100으로 전제되지 않을 경우에는 함부로 %를 쓰면 안 됩니다. 특히 %들 간의 사칙연산+, −, ×, ÷도 함부로 다루어서는 안 됩니다.

%들 간의 사칙연산에서는 단순 %와 구분하기 위해 %포인트라는 단위를 사용합니다. '%포인트', '%P', '퍼센트P'로 쓰기도 하는데요, %P가 어디에 쓰이는지 살펴보겠습니다.

지난번 시험에서 70점이었던 수학점수가 이번 시험에는 85점으로 올랐습니다. 이때 오른 점수는 15점입니다.

그럼 %로는 몇 % 올랐다고 말해야 할까요?

수학점수는 지난 번 시험에 비해 $\frac{(85-70)}{70} \times 100 = 21.4\%$ 상승했습니다. 이때 상승한 21.4%는 지난번 점수인 70점의 21.4%가 상승했다는 것입니다. 100점에서의 21.4%는 21.4점이 됩니다. 일반적으로 % 라고 하면 100을 기준으로 이야기하기 때문에 헷갈리는 일이 많습니다. %를 계산할 때는 꼭 기준을 확인하세요.

그럼 %P로는 어떻게 표현할까요?

85점은 100점에 대한 85%, 70점은 100점에 대한 70%입니다. 85%-70%='15%포인트'가 됩니다. % 끼리의 덧셈, 뺄셈에는 꼭 %P라는 단위를 붙여야 한다는 것을 잊지 마세요.

이번에는 틀리기 쉬운 이자율을 계산해보겠습니다. 은행 이자율이 5%에서 8%로 올랐다면 몇 % 올랐다고 말해야 할까요?

보통, $\frac{(8-5)}{5}$ 로 계산하여 60% 올랐다고 말하는 사람이 많지만 이것은 틀린 표현입니다. 이미 백분율로 환산된 숫자를 다시 백분율로 나타낼 수는 없기 때문이죠. (8%-5%)로 계산하여 3%라고 하면 어떨까요? 이것 역시 틀렸습니다. 3%P 올랐다고 표현해야 맞습니다.

다른 사례를 더 살펴볼까요?

뉴스나 신문을 보면 청년실업에 관한 기사가 많습니다. 만약 청년실업률이 3%에서 5%로 높아졌다면 단순히 (5-3)으로 계산하여 2%P 올랐다고 표현합니다. 일반적으로 신문이나 방송에서 '포인트'라고 표현하는 것은 '%P'의 줄임말입니다.

%P가 아닌 일반 숫자인 경우에는 %로 표시할 수 있습니다. 액면 가격이 10,000원인 주식 가격이 어제 15,000원에서 오늘 16,000원이 되었다면 주가는 얼마가 올랐다고 표현해야 할까요?

$\frac{(16,000-15,000)}{15,000}$ = 0.066이므로 금액으로는 6.6% 올랐다고 할 수 있습니다.

이것을 %P로 표시해볼까요?

액면가 10,000원에 대해 15,000원은 150%이고, 16,000원은 160%입니다. % 끼리의 덧셈, 뺄셈은 %P로 표현해야 하므로 160-150=10%P가 됩니다. 그러므로 이때의 수익은 10%P가 되는 것입니다.

알면 알수록
신기한 수비학

숫자에 신비한 의미를 부여하고 세상사와 관련지어 그것을 연구하는 학문을 수비학數셈 수, 祕숨길 비, 學배울 학이라고 부릅니다. 수비학은 숫자와 사람, 장소, 사물 등의 연관성을 연구하는 학문이에요. 수비학의 원조는 그리스의 철학자 피타고라스였습니다. 그는 숫자를 종교적인 경외의 대상으로 올려놓은 사람이었죠.

피타고라스

[Pythagoras, ?B.C.580~?B.C.500] 고대 그리스의 철학자, 수학자, 종교가입니다. 그는 수(數)를 만물의 근원으로 생각하고 모든 것을 수학과 관련지어 생각했습니다. 또한 '피타고라스의 정리'를 발견하는 등 수학에 기여한 공적이 매우 커서 많은 수학자에게 영향을 미쳤습니다.

성경에는 하나님이 6일 만에 천지를 창조하고 7일째는 휴식을 취하셨다고 기록되어 있습니다. 곧 7은 창조의 완성을 의미하는 숫자입니다. 이와 관련된 '7'이라는 숫자의 신비를 살펴봅시다.

동물의 임신 기간은 대부분 7의 배수로 되어 있습니다. 닭은 7의 3배인 21일, 쥐는 7의 4배인 28일, 고양이는 7의 5배인 35일, 개는 7의 8배인 56일, 사자는 7의 15배인 105일, 양은 7의 21배인 147일, 그리고 사람은 7의 40배인 280일입니다.

2010년 8월, 칠레의 광산 붕괴로 매몰됐던 광부 33명이 극적으로 구조되어 세계인들이 환호했습니다. 세간에서는 그 사건과 관련하여 '33'이라는 숫자에 관심을 보이고 있습니다.

우선 매몰된 광부의 숫자가 33명이었습니다. 사고가 일어난 8월 5일은 2010년의 33번째 주였고, 광부 33명 전원이 구조된 날짜는 2010년 10월 13일로 연$_{10}$, 월$_{10}$, 일$_{13}$ 숫자들을 합치면 33이 됩니다. 숫자 속에 무언가 신비한 힘이 있는 것처럼 느껴지지 않나요?

2001년 9월 11일 미국에서 일어났던 테러는 '11'이라는 숫자와 관련이 있습니다. 테러가 발생한 날짜가 11일이며, 9월 11일의 숫자를 모두 합치면 다시 11$_{9+1+1}$이 됩니다. 또 9월 11일은 일 년 중 254번째 되는 날인데, 254의 각 자리의 수를 더하면 역시 11이 됩니다.

테러범에 납치된 비행기의 편명이 AA11이었으며 조종사와 승무원이 모두 11명 탑승하고 있었고 비행기에 탄 승무원 또한 92명으로 이를 더하면 11이 됩니다. 공교롭게도 미국의 긴급전화번호가 '911'이고요. 우리나라에서는 이를 반대로 뒤집어서 '119'로 쓰고 있죠.

서양에서는 '13'이라는 숫자가 기피의 대상입니다. 예수의 최후의 만찬 자리에 참석자가 모두 13명이었으며 만찬의 13번째 참석자가 바로 예수를 고발한 유다였기 때문이죠. 그리고 예수는 13일 금요일에 죽었습니다.

첨단 과학의 산실인 미 우주항공국 NASA도 13이라는 숫자의 미신에서 자유롭지 못합니다. 아폴로 13호는 공교롭게도 13일에 폭발 사고가 나서 탑승한 우주인들이 모두 죽었습니다. 우주선의 고유번호와 사고일자의 수가 13이고, 발사시간도 1시 13분이었습니다. 우연치고는 정말 신기하지 않나요?

이번에는 재미있는 숫자를 보겠습니다. 121, 12321, 1234321, 123454321 등과 같은 숫자를 레이더$_{Radar}$ 숫자라고 부릅니다. 앞에서 읽으나 뒤에서 읽으나 같은 숫자가 되기 때문이죠.

그런데 놀랍게도 121은 11×11의 값이고, 12321은 111×111을 곱한 값입니다. 동일한 규칙으로 이어져 12345678987654321은 111111111×111111111를 곱한 값이에요. 이것을 표로 봅시다.

1×1=1

11×11=121

111×111=12321

1111×1111=1234321

11111×11111=123454321

111111×111111=12345654321

1111111×1111111=1234567654321

11111111×11111111=123456787654321

111111111×111111111=12345678987654321

142857이라는 숫자도 재미있습니다.

142857을 두 자리씩 잘라내어 모두 더하면 99가 됩니다.

14+28+57=99

142857을 세 자리씩 잘라서 더하면 999가 됩니다.

142+857=999

142857에 7을 곱하면 999999가 되고요.

142857×7=999999

그리고 142857에 1, 2, 3……을 곱해나가면 142857이 숫자를 바꾸어가면서 순환됩니다.

이제 순서대로 나열해볼까요?

$142857 \times 1 = 142857$

$142857 \times 2 = 285714$

$142857 \times 3 = 428571$

$142857 \times 4 = 571428$

$142857 \times 5 = 714285$

$142857 \times 6 = 857142$

이처럼 알면 알수록 신기한 것이 숫자의 세계입니다.

정다면체의 대한 사고훈련

그리스인들은 우주를 구성하는 기본요소가 흙, 물, 공기, 불이라고 믿었습니다. 당시에는 지구를 우주의 중심이라고 여겼기 때문에, 이 4가지의 원소들이 무거운 것부터 차례로 쌓여 우주를 만들었다고 생각한 것이죠.

이들 중 가장 무거운 흙이 가장 아래에 있고, 그 위에 물이 있어 바다와 강을 이루고, 물 위에 공기가, 다시 공기 위에 태양인 불이 있다고 생각했습니다.

여기에 만물을 있게 한 신의 존재를 가정하여 다섯 번째의 원소가 등장하게 됩니다. 이 다섯 번째의 원소를 생각한 사람은 아리스토텔레스였습니다.

그리스의 기하학자인 유클리드에 의해 정다면체의 종류는 5개밖에 존재하지 않는다는 것이 밝혀지면서 정다면체의 숫자 5는 원소의 숫자 5와 일치하게 되고, 정다면체는 신비의 영역이 되었습니다.

정다면체란 정삼각형, 정사각형, 정오각형 등의 도형들이 모여 만들어내는 정사면체, 정육면체 등을 가리킵니다. 공간에서 가장 안정적인 형태를 띠는 것이 정다면체들이에요.

> **아리스토텔레스**
> [Aristoteles, B.C.384~B.C.322]
> 고대 그리스의 철학자이자 플라톤의 제자입니다. 플라톤이 초감각적인 이데아의 세계를 존중했다면 아리스토텔레스는 인간에게 가까운 자연물을 존중하고 이를 지배하는 원인들의 인식을 구하는 현실주의 입장을 취했습니다.
>
> **유클리드**
> [Euclid, B.C.330~B.C.275]
> 고대 그리스의 수학자입니다. 기하학의 원조로 《기하학 원론》이라는 책을 써서 유클리드 기하학의 체계를 세웠습니다.

우선 정삼각형으로 이루어진 정사면체부터 살펴볼까요? 입체 구형이 되기 위해서는 최소 3개 이상의 면이 모여야 합니다. 따라서 하나의 꼭짓점에 정삼각형이 3개가 모이면 정사면체가 되고, 4개가 모이면 정팔면체가 되죠. 그리고 5개가 모이면 정이십면체가 됩니다.

그러나 정삼각형은 6개 이상 모일 수가 없습니다. 왜냐하면 한 각이 60°인 삼각형이 6개 이상 모이면 내각의 합이 360°를 넘

어버려서 구형을 형성하지 못하기 때문이죠. 그래서 정삼각형으로 만들어낼 수 있는 정다면체는 정사면체, 정팔면체, 정이십면체 3개뿐입니다.

다음 정사각형으로 만들 수 있는 정다면체를 살펴봅시다. 하나의 꼭짓점에 정사각형 3개가 모이면 정육면체가 됩니다. 그러나 정사각형도 4개 이상은 모일 수가 없습니다. 한 각이 90°인 정사각형이 4개가 모이면 360°가 되어버리기 때문이죠. 그래서 정사각형으로 만들어낼 수 있는 정다면체는 정육면체 하나뿐입니다.

　이번에는 정오각형으로 정다면체를 만들어봅시다. 정오각형은 하나의 각이 108°이기 때문에 3개가 모여 정십이면체를 만듭니다. 그러나 4개 이상은 360°를 넘기 때문에 정오각형으로 만들어낼 수 있는 정다면체는 정십이면체 하나뿐

플라톤

[Platon, B.C.428~?B.C.347]
고대 그리스의 철학자이자 소크라테스의 제자입니다. 아카데미를 개설하여 수많은 제자를 길러냈고 평생 교육에 힘썼습니다. 그는 영원불변의 개념인 이데아(idea)를 통해 존재의 근원을 밝히려 했습니다.

이죠. 따라서 정다면체의 수는 모두 5개뿐입니다.

　정다면체의 수가 5개인 것이 밝혀지자 5개의 원소와 맞물려 신비로운 우주관이 형성되었습니다. 모든 물체는 근본적으로 이들 5개의 형태를 가질 수밖에 없기 때문이죠.

　플라톤은 가장 가볍고 날카로운 원소인 불은 정사면체, 가장 무거운 원소인 흙은 정육면체라고 주장했습니다. 가장 잘 구르는 정이십면체는 가장 유동적인 원소라고 생각한 물이, 바람개비처럼 생긴 정팔면체는 공기가 되었어요. 그리고 한 면이 정오각형으로 구성된 정십이면체를 우주의 형태라고 생각했습니다. 이러한 이유로 정다면체들을 '플라톤의 입체도형'이라고 부르기도 합니다.

생각을 말랑말랑하게 해주는 두뇌퀴즈

문제

a. 테니스공과 테니스 라켓을 합친 가격은 5만 5천 원입니다. 테니스 라켓 가격이 테니스공보다 5만 원이 더 비쌉니다. 테니스공의 가격은 얼마일까요?

b. 10대의 기계로 10개의 물건을 만드는 데 10분이 걸립니다. 그럼 100대의 기계로 100개의 물건을 만드는 데는 얼마의 시간이 걸릴까요?

c. 연못에 커다란 연잎이 떠 있습니다. 이 연잎의 크기는 매일 2배씩 커집니다. 연잎이 연못을 덮는 데 30일이 걸렸다면 연못의 절반을 덮는 데는 며칠이 걸릴까요?

d. 어떤 사람이 늑대와 염소를 몰고 양배추 한 짐을 지고 강가에 이르렀습니다. 강가에는 작은 배 한 척이 있었죠. 이 배에는 한 번에 한 가지 밖에 싣지 못합니다. 양배추를 배에 싣고 가면 늑대가 염소를 잡아먹고, 늑대를 싣고 가면 염소가 양배추를 먹어 버릴 것입니다. 모두가 무사히 강을 건너려면 어떻게 해야 할까요?

e. 어떤 사람이 구슬을 많이 가지고 있습니다. 지나던 사람이 구슬이 100개도 넘을 것 같다고 하자, 그는 "100개는 안 되지만 2로 나누어도 3으로 나누어도 4, 5, 6으로 나누어도 남는 수가 동일합니다."라고 대답했습니다. 그렇다면 그가 가지고 있는 구슬을 몇 개일까요?

f. 아기를 안고 있는 부인에게 지나가던 사람들이 물었습니다.

    A: 이 아이는 몇 살입니까? 부인: 두 살입니다.

    B: 이 아이는 몇 달째입니까? 부인: 두 달째입니다.

    C: 이 아이는 태어 난 지 며칠 되었습니까? 부인: 이틀째입니다.

이 아이는 언제 태어난 것일까요?

g. 전국 고등학교 축구대회가 열렸습니다. 각 지역의 많은 학교에서 이 대회에 참가했습니다. 경기는 어느 학교든 한 번 지면 탈락하는 방식으로 치러졌습니다. 한 학교는 2회전에서, 또 다른 한 학교는 5회전에서 게임을 포기했습니다. 경기는 모두 27회 치러졌습니다. 참가한 학교는 모두 몇 학교일까요?

해답

a. 이 문제의 답을 5천 원이라고 생각하기 쉽습니다. 만약 테니스공이 5천 원이라면 테니스 라켓 가격은 5만 5천 원이 되어야 합니다. 그러면 두 가지를 합친 가격은 6만 원이 되죠. 답은 2,500원입니다. 방정식으로 풀어볼까요? 테니스공 가격을 X로 놓고 X+(X+50,000)=55,000, 이를 풀면 X=2,500이 됩니다. 그러므로 테니스공의 가격은 2,500원입니다.

b. 이 문제는 100분이 걸린다고 생각하기 쉽습니다. 만약 10대의 기계로 10개의 물건을 만드는 데 10분이 걸린다면 기계 한 대가 물건 하나를 만드는 데 10분이 걸린다는 이야기입니다. 따라서 기계 100대로 물건 100개를 만드는 데도 역시 10분이 걸립니다.

c. 29일입니다. 왜 그럴까요? 이유는 각자가 생각해보세요.

d. 이 문제는 아이들의 두뇌개발을 위해 고안된 아주 고전적인 문제입니다. 우선 염소를 싣고 강을 건넙니다. 남아 있는 늑대는 양배추를 먹지 못하죠. 다음에는 늑대를 싣고 건너갔다가 돌아오는 길에 염소를 싣고 옵니다. 그래야 늑대가 염소를 잡아먹지 못할 것이기 때문이죠. 이번에는 양배추를 실어

나른 다음 마지막으로 염소를 싣고 가면 됩니다.

e. 2, 3, 4, 5, 6으로 나누어 나머지가 동일하다면 우선 남는 숫자가 2, 3, 4, 5, 6이면 안 됩니다. 또 2로 나누어질 수 있는 8도 안 되고, 3으로 나누어질 수 있는 9도 안 되죠. 그렇다면 남는 숫자는 1과 7입니다. 나머지가 7이라면 2, 3, 4, 5, 6으로 한 번 더 나눌 수 있는데, 그때의 나머지는 각각 1, 1, 3, 2, 1이 됩니다. 남는 숫자가 틀리므로 정답이 아니죠. 그렇다면 나머지는 1이겠네요. 100에 가까운 숫자 중 위의 숫자로 나누어 나머지가 1인 경우는 '91'뿐입니다. 91은 2, 3, 4, 5, 6 어느 것으로 나누어도 '1'이 남죠.

f. 12월 31일입니다. 알고 나니 쉽죠?

g. 경기가 한 번 치러질 때마다 한 학교씩 탈락합니다. 따라서 경기가 27회 치러졌다면 최종 우승자를 포함한 28학교가 참가한 것이죠. 여기에 두 학교가 중도에 포기했으므로 참가학교 수는 30개가 됩니다. 2회전, 5회전은 혼동을 주기 위한 함정입니다.

통계를 모르면 눈을 뜨고도 코가 베어요!
거짓말, 빌어먹을 거짓말 그리고 통계
확률은 전체를 다루는 학문
확률의 사건 삼총사
확률 따라서 성공의 지름길 가자!
조건부 확률, 몬티홀의 법칙
약육강식이 통하지 않는 확률의 나라
O.J. 심슨을 살린 이상한 확률
TIPS 세계 화폐 속 '0'의 개수

세상을 보는 눈, '확률과 통계'

통계를 모르면 눈을 뜨고도 코가 베어요!

세상을 보는 눈을 키우려면 통계를 볼 줄 알아야 합니다. 통계가 얼마나 자의적으로 인용될 수 있는지 광우병 사례에서 찾아볼까요?

2008년 광우병으로 촛불시위가 한창일 때 광우병의 위험을 주장하는 사람들이 인용하던 통계는 '한국인의 94%가 인간 광우병에 걸릴 수 있는 유전자를 가지고 있어 미국과 영국에 비해 광우병에 걸릴 가능성이 2~3배 높다'는 것이었습니다.

광우병의 위험이 거의 없다는 사람들이 인용하는 통계는 '미국 소 1억 마리 중에서 광우병에 걸린 소는 단 3마리였으며 그 중 한 마리는 캐나다에서 들여온 것이다. 미국 소고기의 90%는 미국 내에서 소비되고 있으며, 3억 명이 넘는 미국인들과 250만 재미교포와 유학생들이 먹고 있다. 그렇지만 광우병으로 죽은 사람은 한 사람도 없다'는 내용이었습니다.

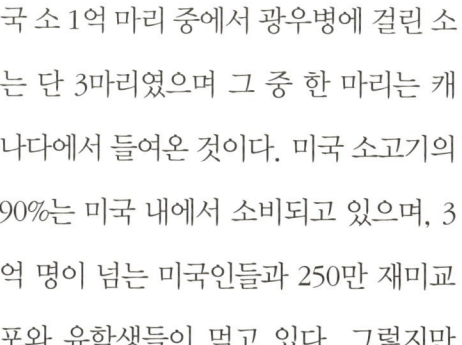

두 주장 모두 정확한 통계를 빌린 주장이지만 내용은 정반대로 들리죠? 그로부터 2년이 지난 지금 미국산 소고기의 점유율은 16% 정도로 집계되고 있습니다. 이를 두고 양측은 조금도 양보를 하지 않습니다.

위험하지 않다는 측에서는 광우병 위험이 사실이라면 벌써 광우병에 걸린 사람이 수도 없이 많아야 하지만 광우병에 걸린 사람이 아직 없으므로 안전하다고 주장합니다. 이에 대해 반대편 사람들은 미국에서는 매년 6만 명이 치매로 사망하는데, 이들 중 13%가 광우병과 유사한 크로이츠펠트 야콥병을 앓고 있다며 여전히 위험성을 강조하고 있습니다.

대개 통계라고 하면 아주 정확한 것으로 보는 경향이 있습니다. 하지만 수치 자체는 정확해도 통계가 작성된 조건이나 의미를 따지지 않으면 속기 쉽습니다.

신문에 자주 오르내리는 기사 중에 '이혼율 50% 육박'이라는 통계가 있습니다. 이것을 보고 사람들은 '우리나라의 부부 중 절반이 이혼을 하는구나' 하고 생각할 것입니다. 그러나 이 수치는 현실과는 다소 차이가 있습니다.

우리나라 통계에서 정의하는 이혼율은 '한 해에 이혼한 쌍의 수를 같은 해에 결혼한 쌍의 수로 나눈 값'으로 구합니다. 한 해에 1,000쌍이 결혼을 하고 500쌍이 이혼을 한다면 이혼율이 50%라는 이야기이죠. 이때 이혼한 사람들이 언제 결혼했는지는 모릅니다. 10년 전, 20년 전, 30년 전에 결혼한 사람이 이혼하는 경우도 모두 그해 이혼율 통계에 잡히는 것입니다. 그래서 실제 그해 결혼해서 그해 이혼한 경우는 10% 전후인데도 마치 절반 정도나 되는 것처럼 들린다는 것입니다.

숫자에 강한 세무서에서도 통계에 속는 일이 많다고 합니다. 예를 들어 소득세 신고를 할 때 소득을 2,000만 원이라고 신고하면 증빙서류를 떼어 오라고 요구하지만 1,987만 4,500원이라고 신고하면 증빙서류가 거의 면제된다고 합니다. 실제로는 125,500원의 차이일 뿐이지만 증빙서류를 떼는 번거로움을 덜 수 있는 것이죠.

미국의 한 연구에 의하면 야간 폭력은 주로 거실에서 일어난다고 합니다. 부부 싸움 중에 폭력을 행사한 것인데요, 그러자 어느 신문은 이렇게 썼다고 합니다.

'야밤에는 거실보다 공원 벤치가 더 안전하다.'

수많은 숫자로 우리를 현혹하는 통계들! 통계에 속지 맙시다. 그러기 위해서는 숫자에 강해야 합니다.

거짓말, 빌어먹을 거짓말 그리고 통계

영국 빅토리아시대에 재무장관과 총리를 지낸 벤저민 디즈레일은 통계에 대해 이렇게 말했습니다.

"세상에는 세 가지 거짓말이 있다. 거짓말, 빌어먹을 거짓말, 그리고 통계다."

이 말은 통계를 잘못 다루면 가장 심한 거짓말이 될 수 있다는 의미입니다. 정의를 명확히 하지 않고 통계숫자를 보면 그 수치는 전혀 엉뚱한 이야기가 됩니다. 다음은 우리나라에서 공식적인 실업자로 분류되기 위해 통과해야 하는 질문의 답입니다.

- 당신은 지금 일자리가 있습니까? (아니오.)
- 당신은 지난 1주일 동안 1시간이라도 일한 적이 있습니까? (아니오.)
- 그럼 당신은 지난 몇 주 동안 열심히 일자리를 찾아 봤습니까? (예.)

직업을 구할 생각이 없는 학생, 주부, 고시준비생, 취업준비생, 구직단념자 등은 일단 실업자에서 제외됩니다. 이들은 실업자가 아닌 <mark>비경제활동인구</mark>로 분류됩니다.

1주일에 1시간 이상 일해도 실업자가 아닙니다. 편의점이나 패스트푸드점에서 아르바이트로 일하거나 건설현장에서 하루라도 일했으면 실업자가 아니라는 이야기입니다. 지금 우리나라의 실업률은 4% 미만이고, 2010년에는 3.7%였습니다. 우리가 보기에는 실업자로 보이는 사람들도 공식적으로는 대부분 실업자가 아니라는 것이죠.

공식적인 실업률과 체감 실업률의 간격을 메우기 위해 '사실상의 실업자'라는 개념이 나왔습니다. 공식 실업자 외에 취업준비자, 구직을 포기하고 노는 사람, 주당 18시간 미만 근로자도 실업

비경제활동인구 [非經濟活動人口]
14세 이상의 인구 가운데 노동할 능력과 의사가 없는 인구를 가리키는 통계용어입니다.

자에 넣는 방식입니다. 그렇게 작성할 경우 우리나라의 실업률은 20%에 육박합니다.

그 중 청년실업이 가장 큰 문제입니다. 청년실업 문제는 크게 두 가지로 요약됩니다. 하나는 산업의 '소프트화'입니다. 예전에 제조업 위주의 기업에서 1,000명이 하던 일도 요즘의 첨단 IT 장비를 사용하면 100~200명이면 충분히 할 수 있습니다. 바로 이 점 때문에 경기가 살아나도 청년실업 문제는 크게 개선되지 않으리라는 비관적인 전망이 나오는 것입니다.

다음은 고학력 인플레이션 현상입니다. 우리나라의 대학 진학률은 세계 최고 수준입니다. 대부분의 젊은이가 대학을 나오다 보니, 대학 졸업생의 질은 많이 떨어졌지만 이들의 눈은 여전히 높다는 것입니다. 대학을 나온 젊은이들이 모두 대기업의 좋은 일자리만 찾으니 일자리가 턱없이 부족할 수밖에 없는 것이죠.

반면에 중소기업에서는 일손이 딸려 부족한 인력을 외국인 근로자로 채우고 있습니다. 이를 해결하기 위해서는 인력 수요가 높은 고품격 서비스 상품을 많이 개발해야 합니다. 또한 대학 졸업생들의 눈높이도 현실에 맞게 낮추어야겠죠? 그래야 청년 실업자 문제를 해결할 수 있을 것입니다.

확률은
전체를 다루는 학문

확률이란 어떤 사건이 일어날 수 있는 가능성을 수치로 나타낸 것입니다. 동전을 던지면 앞면이 나올 수도 있고 뒷면이 나올 수도 있습니다. 앞면이 나올 확률은 $\frac{1}{2}$, 뒷면이 나올 확률도 $\frac{1}{2}$이죠.

1에서 6까지의 숫자가 적힌 주사위가 있습니다. 주사위를 던져 1이 나올 확률은 얼마일까요? 6가지 중 한 번이므로 1이 나올 확률은 $\frac{1}{6}$입니다.

그렇다면 주사위를 던져 홀수가 나올 확률은 얼마일까요? 홀수는 1, 3, 5 모두 3개입니다. 6개의 숫자에서 1, 3, 5 중 어느 하나가 나올 확률은 절반인 $\frac{1}{2}$이 됩니다.

두 개의 주사위를 던져 그 숫자의 합이 5가 될 확률은 얼마일까요? 두 개의 합이 5가 될 경우는 (1, 4), (2, 3), (3, 2), (4, 1)로 모두 4가지입니다. 주사위 두 개를 던져 나올 수 있는 경우의 수는 6×6으로 36가지, 따라서 합이 5가 될 확률은 $\frac{4}{36}$가 되고 이것을 약분하면 $\frac{1}{9}$이 됩니다.

확률은 전체를 다루는 학문이기 때문에 개별적으로는 의미가 없는 경우가 많습니다. 가위 바위 보에서 이길 확률은 이기거나, 지거나, 비기거나 중의 하나이므로 $\frac{1}{3}$입니다. 그러나 가위 바위 보를 3번 해도 한 번도 이기지 못하는 경우는 얼마든지 있습니다. 그러나 300번을 하면 대략 100번은 이깁니다. 이렇듯 시행 횟수를 늘릴수록 확률적인 수치에 가까워집니다.

딸만 셋인 어떤 부인이 임신을 했습니다. 부인은 수학자를 찾아가, 아들을 낳을 확률이 얼마인지 계산을 해달라고 부탁을 했죠. 수학 박사는 안경을 벗으며 근엄한 소리로 말했습니다.

"이번에 아들을 낳을 확률은 93.8%입니다. 축하드립니다!"

그의 계산은 이러했습니다. 아들, 딸을 낳을 확률은 모두 $\frac{1}{2}$입니다. 딸 셋을 낳은 다음에 다시 딸을 낳을 확률, 곧 이번에도 딸일 확률은 $\frac{1}{2}$이 네 번 반복되는 것이므로 $(\frac{1}{2})^4 = \frac{1}{16}$이 됩니다.

그렇다면 이번에 아들을 낳을 확률은 $(1-\frac{1}{16})$이 되어 $\frac{15}{16}$, 약 93.8%가 된다는 설명이었습니다.

부인은 의기양양하게 산부인과를 찾아갔습니다. 하지만 산부인과 의사는 청천벽력 같은 말을 했습니다.

"부인, 이번에도 딸일 가능성이 훨씬 더 높습니다."

그 말에 부인은 왜 그러냐고 따져 물었지요. 그러자 산부인과 의사가 말했습니다.

"아들이냐 딸이냐 하는 문제는 확률의 문제가 아닙니다. 부인은 이미 딸만 셋을 낳았습니다. 잇달아 딸만 낳았다는 것은 부인의 체질이 딸을 낳기에 적합하다는 증거입니다. 따라서 체질을 개선하지 않고 다시 아이를 낳는다면 딸일 가능성이 훨씬 더 높게 마련이죠. 이번에도 딸일 가능성이 90%는 될 것입니다."

이 문제의 핵심은 아들, 딸의 확률이 $\frac{1}{2}$이냐 아니냐 하는 문제입니다. 전체적으로 한 해에 60만 명의 아이가 태어난다면 남녀의 비율은 각각 30만 명으로 $\frac{1}{2}$에 가깝지만 특정 개인이 임신했을 때는 $\frac{1}{2}$이 아닐 가능성이 얼마든지 있다는 것이죠. 확률은 전체를 다루는 학문이기 때문입니다.

확률의
사건 삼총사

확률에는 독립사건, 배반사건, 종속사건의 3가지 경우가 있습니다. 동전 던지기를 할 때 앞면이 나올 확률은 $\frac{1}{2}$ 입니다. 동전 던지기를 10번 한다고 할 때 앞면이 나올 확률은 매번 $\frac{1}{2}$ 이죠. 앞의 사건에서 전혀 영향을 받지 않는다는 의미입니다. 이처럼 앞의 결과가 뒤의 결과에 영향을 미치지 않는 경우를 독립사건이라고 부릅니다.

주사위를 던져서 '1'이 나오면 '2~6'이 나올 가능성은 완전히 사라집니다. 이처럼 한 사건이 일어나면 다른 사건이 일어날 가능성이 없어질 때 이를 배반사건이라고 합니다.

 1에서 10까지의 숫자가 적힌 카드가 주머니에 들어 있다고 가정하겠습니다. 카드는 홀수 5장, 짝수 5장으로 모두 10장입니다. 처음에 카드 한 장을 뽑았을 때 홀수 '1'이 나왔다면 홀수가 적힌 카드는 1, 3, 5, 7, 9인 5개에서 3, 5, 7, 9인 4개로 줄어듭니다.

 다시 한 장의 카드를 뽑겠습니다. 이미 1이라는 홀수를 뽑았기 때문에 이때에도 홀수가 나올 확률은 앞의 사건으로부터 영향을 받습니다. 처음 10장 중에서 홀수 카드를 뽑을 확률은 $\frac{5}{10}$였지만 홀수 한 장을 뽑고 난 다음에는 $\frac{4}{9}$로 줄어든 것이죠. 이처럼 앞의 사건이 뒤의 사건에 영향을 미치는 경우를 종속사건이라고 합니다.

 여러분이 좋아하는 축구 이야기를 해볼까요?
 한국과 일본의 축구 경기에서 우리나라가 일본을 이길 확률은 $\frac{1}{2}$입니다. 지난 경기에서 이겼다고 해서 이번 경기에서 질 가능성이 높아지는 것도 아니고 반대로 지난 경기에 졌다고 해서 이번엔 이길 가능성이 높아지는 것도 아닙니다. 독립사건이기 때문이죠.

 이런 경우에는 다음과 같은 오해를 많이 하게 됩니다. 우리나라가 일본을 상대로 2번 연달아 이겼다면 3번째에는 질 가능성이

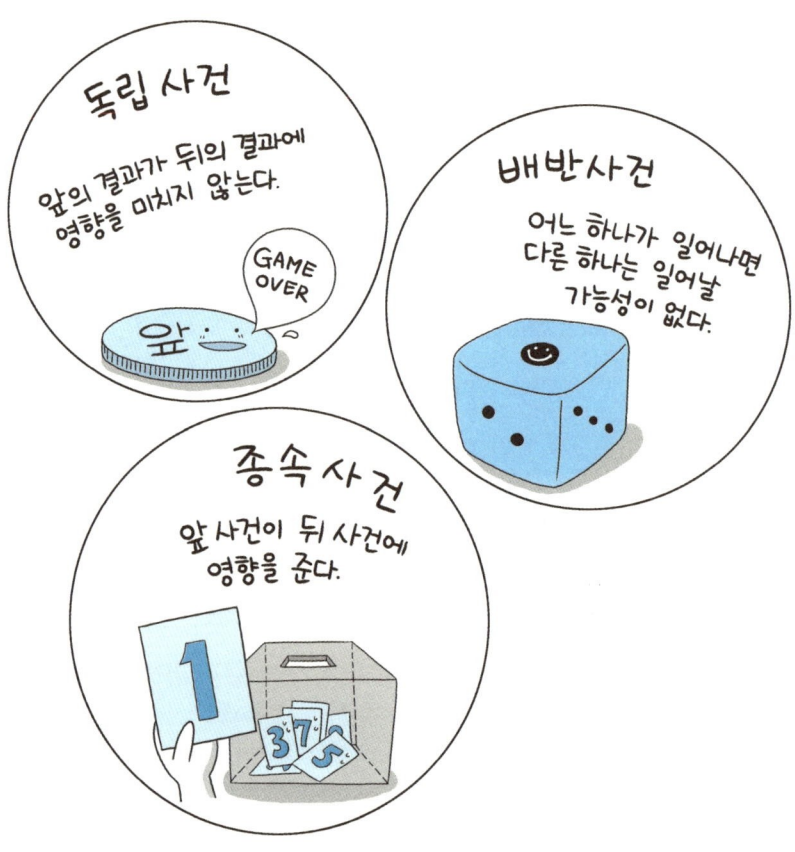

아주 높다고 생각하는 것이죠. 즉 일본을 연달아 3번 이길 확률은 $(\frac{1}{2})^3=\frac{1}{8}$로 상당히 낮다는 것입니다. 그래서 3번째 게임에서 우리나라가 이길 확률은 $\frac{1}{8}$, 질 확률은 $(1-\frac{1}{8})$인 $\frac{7}{8}$로 보는 것입니다.

하지만 이것은 틀린 해석입니다. 3번째도 일본을 이길 확률은 $\frac{1}{2}$이에요. 각 경기는 개별적인 경기이기 때문이죠. 그러나 확률이 반반인 게임에서 상대방을 3번 잇달아 이길 확률은 여전히 $\frac{1}{8}$입니다. 헷갈리죠?

　이번에는 다른 문제를 보겠습니다. 동전 던지기를 하는데 5번 연속으로 앞면이 나왔습니다. 6번째 동전을 던질 때 앞면이 나올 확률은 얼마일까요? 흔히 이제껏 앞면이 계속 나왔으니 6번째에는 뒷면이 나올 가능성이 크다고 생각합니다. 하지만 이것 역시 오해입니다. 6번째도 뒷면이 나올 확률은 $\frac{1}{2}$입니다. 그러나 확률이 $\frac{1}{2}$인 게임에서 잇달아 앞면만 6번 나올 가능성은 $(\frac{1}{2})^6=\frac{1}{64}$로 아주 낮습니다. 가장 혼동하기 쉬운 문제입니다.

확률 따라서 성공의 지름길 가자!

확률이 정식으로 수학 과목에 채택된 것은 그리 오래전의 일이 아닙니다. 수학이나 과학에서는 같은 조건을 입력하면 같은 결과가 나와야 합니다. 하지만 확률에서는 그럴 수도 있고 그렇지 않을 수도 있습니다. 그래서 정통을 고집하는 고지식한 수학자들은 확률을 수학으로 받아들이기를 꺼렸습니다. 항상 정답이 정해진 수학의 세계에서 결과를 알 수 없는 확률을 인정할 수는 없었던 것이죠. 그러나 이제 확률은 수학은 물론 현대 물리학이나 생물학에서도 핵심적인 개념이 되었습니다.

그렇다면 과학에서의 확률을 한번 볼까요?

뉴턴에 의해 완성된 고전 물리학은 정답이 하나뿐이었습니다. 뉴턴의 운동법칙으로 알려진 그의 이론은 어떤 물체에, 어느 정도 크기의 힘을, 어떤 방향으로 주면, 얼마나 움직인다는 내용의 법칙이었습니다. 그러나 양자역학에 이르면 양자들의 움직임은 정확한 측정이 불가능합니다. 오직 확률적인 예측만이 가능할 뿐이죠.

주전자에 물을 담고 어느 정도의 열을 가하면 어느 정도의 입자(수증기)가 나온다는 것은 확률적으로는 계산할 수 있지만, 구체적으로 어떤 분자가 튀어나올지는 아무도 모른다는 것입니다. 그것이 현대 물리학의 핵심 개념인 양자역학입니다. 생물학의 유전 법칙은 확률 그 자체입니다.

확률적인 사고는 창의력을 키우는 데에 아주 중요합니다. 저학년 수학에서는 공식만 암기해도 대부분의 문제를 풀 수 있지만, 고학년으로 올라갈수록 확률적으로 생각하는 문제가 많아

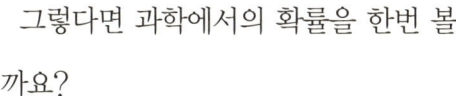

아이작 뉴턴

[Isaac Newton, 1643~1727]
영국의 물리학자 · 천문학자 · 수학자이자 근대이론과학의 선구자입니다. 그와 관련된 일화로는 만유인력의 법칙을 발견한 사과 이야기가 유명합니다. 이외에도 그는 수학과 물리학을 비롯한 다양한 분야에서 후세에 많은 영향을 끼쳤습니다.

뉴턴의 운동 법칙
물체의 운동에 대한 세 개의 물리 법칙으로 관성의 법칙, 가속도의 법칙, 작용과 반작용의 법칙을 말합니다. 이 법칙들은 고전 역학의 기본이 되었습니다.

집니다. 문제의 본질을 파악하고 접근 방법을 생각해야 하는 문제가 늘어나기 때문이죠.

확률은 세상사와도 관련이 깊습니다. 세상은 모두 확률로 이루어져 있습니다. 우리가 공부를 하는 것도 원하는 결과를 얻을 수 있는 확률을 높이기 위해서입니다.

"노력이란 바로 성공 확률을 높여가는 과정이다."

이것은 천재로 알려진 고승덕 변호사의 말입니다. 그는 서울 법대 수석 졸업에 사법고시, 외무고시, 행정고시를 모두 합격한 사람으로 유명하지요. 그의 공부 방법은 지극히 확률적입니다.

고시에 합격하려면 보통 500페이지 책 50권을 5번 정도 정독해야 한다고 합니다. 그는 확률을 높이기 위해 다른 사람보다 2번씩을 더 본 것뿐이라고 말했죠.

그의 계산을 살펴볼까요? 500페이지×50권×7회=175,000페이지, 1년을 365일로 볼 때 하루에 읽어야 할 페이지는 약 480페이지가 됩니다. 이렇게 합격의 가능성을 확률로 계산한 다음, 구체적인 방법을 만들고 실천했을 뿐이라는 것입니다.

그는 사회에 나와서도 확률적인 노력을 했다고 말합니다. 어느 분야에서든 다른 사람의 인정을 받으려면 3배의 노력을 해야 합니다. 3배의 노력만 하면 누구도 뛰어난 성과를 거둘 수 있다는 이야기이죠.

수학, 물리학은 물론이고 역사, 경제, 특히 금융 분야에서는 불확실성을 이길 수 있는 유일한 학문이 확률이라고 말합니다. 성공을 하기 위해서는 이제부터 확률적인 사고로 세상을 보고 확률적인 승부를 걸어야 합니다.

그것이 성공의 지름길입니다.

조건부 확률,
몬티홀의 법칙

이번에는 재미있는 조건부 확률문제를 보겠습니다. 이 이야기는 1963년 미국의 한 TV 쇼프로에서 실제 있었던 일로, 진행자 몬티홀Monty Hall의 이름을 따서 몬티홀의 법칙이라는 이름으로 세상에 알려졌습니다.

TV 출연자에게 진행자 몬티홀이 말했어요.

"여기 A, B, C라는 3개의 문이 있습니다. 이 중 한 곳에는 자동차가 들어 있고, 다른 두 곳에는 자전거가 들어 있습니다. 이제 당신은 이 3곳 중에서 한 곳을 고르실 수 있습니다. 그리고 그 안에 있는 물건을 가질 수 있습니다."

한참을 생각하던 출연자가 그 중 한 곳을 골랐습니다. 그러자 상황을 모두 알고 있는 몬티홀은 자전거가 있는 두 곳 중 한 곳을 열어 보여주면서 이렇게 말했습니다.

"보다시피 자전거 한 대는 여기에 있습니다. 어떻습니까, 당신의 선택을 바꿀 생각은 없나요? 선택을 바꾸어도 좋고 바꾸지 않아도 좋습니다."

출연자는 고민에 빠졌습니다. 여기서 그는 자신의 선택을 바꾸는 것이 유리할까요, 바꾸지 않는 것이 유리할까요?

이 방송이 나가자 시청자들로부터 확률적으로 봤을 때 어느 것이 유리하냐는 문의가 잇따랐습니다. 그러자 마릴린 샤반트라는 사람이 신문에 칼럼을 기고했습니다. 그는 한때 세계 최고의 IQ를 가진 사람으로 기네스북에 오른 사람이었습니다. 칼럼에서 그는 이렇게 말했습니다.

"선택을 바꾸세요. 처음 선택한 문제에서 자동차가 나올 확률은 $\frac{1}{3}$이지만 선택을 바꾸면 확률이 $\frac{2}{3}$로 높아집니다."

그는 처음 선택한 곳에서 자동차가 나올 확률은 $\frac{1}{3}$ 그대로이지만 자동차가 없는 곳 한 곳을 확인했으므로, 선택을 바꾸면 차가 나올 확률은 $\frac{2}{3}$가 된다고 설명했습니다.

그러자 독자들의 항의 편지가 쏟아졌습니다. 자동차가 없는 한 곳을 확인하는 순간 나머지 두 곳에서 자동차가 나올 확률은 정확하게 $\frac{1}{2}$로 동일하다는 것이었죠.

그러자 마릴린 샤반트가 다시 나섰습니다. 그는 독자들에게 이렇게 말했습니다.

"1,000개의 문이 있다고 상상해보십시오. 당신이 1번을 선택했다고 합시다. 여기서 문 뒤에 무엇이 있는지 아는 사회자가 단 하나의 문, 예를 들어 777번을 제외하고 모두 열어 보여주었다고 합시다. 그래도 당신은 선택을 바꾸지 않겠습니까?'

이렇게 사건 A가 일어났다는 가정 아래에서 사건 B가 일어나는 확률을 조건부 확률이라고 하는데, 이 문제는 마릴린 샤반트의 설명에도 여전히 논쟁이 그치지 않고 있습니다.

약육강식이 통하지 않는 확률의 나라

A, B, C 세 사람이 총을 들고 황야에서 복수의 혈전을 벌이고 있습니다. 이들은 서로가 서로를 죽여야만 살아남을 수 있습니다.

이들은 서로가 서로의 사격 실력을 잘 알고 있습니다. A의 명중률은 100%로 백 발이면 백 번 모두 맞추는 솜씨입니다. B의 명중률은 70%, C의 명중률은 30%입니다. 총알은 각각 2발씩 가지고 있고, 총은 한 번에 한 발씩 두 번을 쏠 수 있습니다. 이 결투에서 A, B, C 세 사람이 살아남을 확률은 각각 얼마씩일까요?

상식적으로 생각해보면 사격 실력이 가장 낮은 C가 가장 먼저 죽고 다음으로 B가 죽고 A 혼자만 살아남을 것 같아 보입니다. 그러나 실제의 결과는 전혀 다릅니다.

이것을 확률적으로 계산해볼까요?

먼저 A를 보겠습니다. A는 첫 번째 총알로 누구를 쏠까요? B, C 중에서 A는 명중률이 높은 B를 먼저 쏠 것입니다. 그래야 자신이 살아남을 확률이 높아지기 때문이죠.

그럼 B는 누구를 쏠까요? 당연히 A를 먼저 쏩니다. 명중률 100%인 A가 살아있는 한 자신이 살아남을 가능성이 희박할 것이기 때문이죠.

그러면 C는 누구를 먼저 쏴야 할까요? C 역시 A를 가장 먼저 쏩니다. B와 마찬가지 이유에서입니다.

자, 결투가 시작되었습니다. 총성이 3번 울리고 나면 B가 가장 먼저 죽습니다. 명중률 100%인 A의 총을 맞았기 때문입니다. 그래서 B의 생존 가능성은 'zero'입니다.

이제 A가 살아남을 확률을 구해보겠습니다. A는 B, C의 첫 발과 첫 발에서 총을 맞지 않은 C의 두 번째 총알을 모두 피해야 살아남을 수 있습니다.

A가 B의 총알을 피할 수 있는 확률은 (1−0.7), C의 총알을 피할 수 있는 확률은 (1−0.3)으로 각각 0.3과 0.7이 됩니다. A는

처음 두 사람의 총알을 피한 다음에 다시 C의 총알을 한 번 더 피해야 하므로 A의 생존 확률은 (0.3×0.7)×0.7=0.147이 됩니다. 따라서 사격술이 가장 좋은 A의 생존 확률은 14.7%로 예상보다 훨씬 낮습니다.

가장 불쌍한 것은 중간 정도의 실력을 가진 'B'입니다. 살아날 가능성이 전혀 없기 때문이죠.

한편 C는 처음에는 누구의 총알도 받지 않습니다. A, B 두 사람이 모두 서로를 겨냥할 것이기 때문입니다. C가 살려면 B의 첫 번째 사격에서 A가 죽어야 합니다. 그렇지 않으면 A의 두 번째 총알을 피할 수 없기 때문이죠. 곧 C가 살아날 경우는 A가 B나 C의 첫 번째 총에 죽을 확률을 합친 것과 같아집니다.

이것은 전체에서 B, C의 총알이 빗나갈 확률을 뺀 것과 같습니다. 따라서 A가 B가 쏜 총알 첫 발에 죽을 확률이자 C가 살아남을 확률은 {1−(0.3×0.7)=0.79}로 79%가 됩니다.

이 문제를 얼핏 생각하면 명중률이 가장 높은 A가 살아남을 확률이 가장 높아 보이지만 사실은 실력이 가장 없는 C의 생존 가능성이 가장 높습니다. 이도 저도 아닌 B는 살아날 가능성이 전혀 없죠. 세상사와 비교되는 흥미로운 이야기입니다.

O.J. 심슨을 살린 이상한 확률

<u>1995년에 미국</u> 법정에서 열린 한 재판이 전 세계에 텔레비전으로 중계되었습니다. 그것은 바로 유명한 <u>미식축구</u> 스타 O.J. 심슨의 판결이었습니다.

O.J. 심슨은 미식축구에서 두 가지 기록을 남긴 스포츠 스타입니다. U.S.C의 러닝백 출신인 그는 1973년 157야드를 39번이나 전진하고 7게임에서 1천 야드 이상 전진한 대기록을 이룩해낸 전설의 미식축구선수입니다. 한 게임에서 100야드 이상 전진하면 꽤 괜찮은 러닝백으로 평가되는 NFL에서 그는 역대 최고의 러닝백이라는 이름을 남겼습니다.

그는 흑인 여자와 결혼하여 3명의 자녀를 두었으나 풋볼로 유명해지자 백인 여자들과 데이트를 하다가 백인 출신의 영화배우 니콜 브라운과 두 번째 결혼을 했습니다. 결혼 당시 심슨은 33세, 니콜은 19세였습니다.

> **미식축구** [American football]
> 미국에서 독자적으로 만들어진 축구 경기로 유럽에서 들어온 축구와 럭비를 혼합하여 만들어졌습니다.

1994년, LA의 고급 주택가에 있는 심슨의 집에서 심슨의 부인 니콜 브라운과 그녀의 애인인 골드먼이 함께 밀회를 즐기다가 누군가에 의해 무참히 살해되었습니다.

경찰은 사건현장에서 피로 물든 장갑을 발견했고, 그 피에서 DNA를 채취하여 그것이 여자의 남편인 풋볼 스타 '심슨'의 DNA와 일치한다는 것을 확인했습니다. 당시의 과학기술로 DNA가 우연히 일치할 확률은 1만 분의 1이었다고 합니다. 동일인의 범행이 거의 확실하다는 입장이었죠.

경찰은 즉시 심슨을 체포했습니다. 심슨을 법정에 세운 검사는 심슨이 범인일 가능성이 99.99%라고 주장했습니다. 전체인 1에서 DNA가 우연히 일치할 확률인 $\frac{1}{10000}$ 을 뺀 것이죠.

그러나 변호사의 견해는 전혀 달랐습니다. 사건이 발생한 LA의 인구 300만 명 중 동일한 DNA를 가진 사람은 300명이나 됩니다. 심슨은 300명 중의 한 명일뿐이므로 그가 범인일 확률은

($\frac{1}{300}$)로, 0.0033%가 됩니다. 이를 반대로 해석하면 그가 범인이 아닐 확률이 99.7%가 된다는 것이죠.

현장에는 범인의 것으로 보이는 피가 흘러 있었고 심슨 역시 왼손에 상처가 있었습니다. 범행현장에서 발견된 발자국도 심슨의 발 크기와 일치했습니다. 이것을 두고도 변호인단은 심슨과 발 사이즈가 같은 사람은 충분히 많으며 왼손에 상처가 있는 사람도 얼마든지 있다고 반박했습니다. 이 법정 공방은 1년을 넘게 끌었고 심슨은 결국 무죄로 풀려났습니다.

모든 정황으로 보아 심슨의 범죄가 틀림없었지만 결정적인 증거가 없다는 것입니다.

무죄라는 판결이 나왔지만 미국인들은 아직도 그의 무죄를 믿지 않고 있으며, 그 판결을 놓고 '유전무죄有錢無罪'라는 유행어가 생기기도 했습니다. 이것은 죄를 지어도 돈이 있으면 무죄라는 의미입니다.

이 판결이 나오자 대부분의 흑인은 이를 환영한 반면 대다수의 백인은 이를 비난했습니다. 이 사건은 미국의 인종문제를 크게 부각시키는 계기가 되었습니다.

세계 화폐 속의 '0'의 개수

물가가 자주 오르는 인플레이션에 시달리는 나라는 돈의 가치가 그만큼 낮습니다. 인플레이션에 시달리는 나라는 액수가 큰 고액권이 많이 사용되는 반면 물가가 안정된 나라는 상대적으로 사용되는 액수가 낮죠. 그러나 이런 경제적인 원인과는 달리 정부의 정책적인 판단에 따라 일부러 고액권을 발행하기도 합니다.

헝가리의 1해 펭괴

1946년 헝가리에서 발행된 1해(垓) 펭괴 지폐가 있습니다. '1해'는 100,000,000,000,000, 000,000으로 '1' 다음에 '0'이 20개나 붙습니다. 하지만 당시 이 지폐의 가치는 미화 20센트에 불과했습니다.

〈1해 펭괴 / 헝가리〉

유고슬라비아의 5천억 디나르

1993년 발행된 이 화폐가 유통될 당시 화폐의 가치는 겨우 우리나라 돈으로 120원이었습니다.

〈5천억 디나르 / 유고슬라비아〉

짐바브웨 100조 달러 지폐

2008년 짐바브웨에서 만들어진 화폐입니다. 짐바브웨의 엄청난 하이퍼 인플레이션의 산물로 동그라미가 무려 14개인 상상을 초월하는 액수지만 당시의 실제 가치는 미 달러를 기준으로 겨우 30달러였습니다. 하지만 이 지폐의 수명은 겨우 17일이었습니다.

〈100조 달러 / 짐바브웨〉

터키의 2천만 리라

터키의 2천만 리라는 2001년 11월에 발행되었습니다. 이 돈의 가치는 우리나라 돈으로 약 17,000원 정도에 불과했습니다.

〈2천만 리라 / 터키〉

암소 한 마리의 이자는 송아지 한 마리?
단순해서 단리, 복잡해서 복리라고?
복리의 마술과 '72의 법칙'
무시무시한 사채의 비밀
내게 맞는 금리상품에는 뭐가 있을까?
은행이 가장 무서워하는 것?
가난한 사람들만 이용할 수 있는 은행
TIPS 내 통장을 불려주는 금융상품

돈이 번 돈, '이자'

암소 한 마리의 이자는 송아지 한 마리?

가난한 농부가 있습니다. 그는 너무 가난해서 봄이 되어도 파종할 씨앗이 없었어요. 겨울 동안 추위와 굶주림에 씨앗마저 먹어버렸기 때문입니다. 농부는 부자를 찾아가 씨앗을 빌렸습니다. 다행히 기후가 좋아서 농사는 풍년이었습니다.

가을이 되어 농부는 기쁜 마음으로 수확을 했습니다. 그런데 문제가 생겼습니다. 부자에게 빌린 씨앗을 얼마만큼 갚아야 할지 고민이 된 것이죠.

농부는 부자에게 얼마만큼의 씨앗을 갚아야 할까요? 빌린 씨앗만큼만 갚으면 될까요? 그것은 예의가 아닐 것입니다. 결국 농부는 빌린 씨앗의 양에다 고마움의 표시로 2배의 씨앗을 더해서 갚았습니다. 왜냐하면 빌린 씨앗이 10배, 100배로 불어났기 때문입니다.

암소 한 마리에 해당되는 돈을 빌렸다고 생각해봅시다. 만약 일 년 후에 돈을 갚는다면 송아지 한 마리의 가격에 해당되는 돈을 얹어서 갚아야 할 것입니다. 왜냐하면 암소는 일 년 동안에 송아지를 낳을 것이기 때문입니다. 자본을 의미하는 영어 단어 'capiut'은 라틴어에서 가축을 의미하는 'caput'에서 유래되었습니다.

경제학적으로 이자는 효용가치로 봅니다. 지금 통장에 있는 100원과 일 년 후에 통장에 있는 100원은 효용가치가 다릅니다. 지금 통장에 있는 100원의 효용가치가 1년 후 통장에 있는 100원보다 큰데요, 그 이유는 1년 동안 쌓이는 이자에 있습니다. 지금 가지고 있는 100원에는 이자가 붙지 않지만 1년 후에는 +α라는 이자가 더해지기 때문이죠. 100원이 있어야 +α라는 이자도 생기겠죠? 그렇기 때문에 지금 가진 100원의 효용가치가 1년 후 통장에 있는 100원의 효용가치보다 더 큰 것입니다.

> **효용가치** [效用價値]
> 효용가치란 어떤 서비스를 사용하면서 느끼는 만족도를 말합니다.

이자에 대한 유대인들의 사고는 좀 다릅니다. 유대교에서는 가난한 사람들에게는 이자를 받지 말라고 가르쳤는데요, 그들은 지금도 상업적인 대출에 대해서만 이자를 받습니다.

유대교에서 돈은 신의 소유물입니다. 지금 돈을 가진 사람은 신의 돈을 잠시 보관하고 있을 뿐이라고 믿고 있죠. 따라서 돈을 벌면 신의 뜻대로 좋은 일에 써야 한다고 생각합니다. 유대인들의 기부 전통은 여기에서 비롯되었습니다.

그렇다면 이자율은 어떻게 결정될까요?

이때는 돈도 하나의 상품으로 보면 간단합니다. 시중에 화폐 공급량이 많아지면 이자율이 내려가고 화폐 공급량이 줄어들면 이자율이 올라갑니다. 반대로 화폐에 대한 수요가 늘어나면 이자율은 올라가고 수요가 줄어들면 이자율이 내려갑니다.

이자율이 오르면 자금에 대한 수요가 줄어들어 소비는 위축되고 저축은 늘어납니다. 꼭 필요한 곳으로만 자금이 모이게 되죠. 효율적으로 배분되는 것입니다. 반대로 이자율이 낮아지면 자금에 대한 수요가 늘어나 소비는 살아나지만 저축은 줄어듭니다.

중앙은행에서는 이자율을 조정하여 투자, 소비, 저축을 조율합니다. 시중에 돈이 너무 많이 풀리면 이자율을 올리고 경기가 침체되면 이자율을 내리는 것이죠.

단순해서 단리, 복잡해서 복리라고?

이자에는 단리와 복리가 있어요. 단리는 원금에만 이자가 붙는 방식이고 복리는 이자에도 다시 이자가 붙는 방식입니다.

매일 노동을 해서 돈을 버는 것이 단리라면 벌어놓은 자산소득으로 돈을 버는 것은 복리에 해당됩니다. 단리와 복리는 처음에는 차이가 크지 않지만 시간이 지날수록 차이가 엄청나게 벌어지게 돼요.

이자율이 연 10%라고 했을 때 단리는 매년 원금의 10%가 이자로 추가되는 방식이에요. 100만 원을 연리 10%로 은행에 예금하면 1년 후에는 10만 원, 2년 후에는 20만 원, 3년 후에는 30만 원…… 하는 식으로 이자가 붙습니다. 그래서 총 금액은 110만 원, 120만 원, 130만 원……으로 늘어납니다.

그렇다면 복리로 맡겼을 때는 어떨까요? 100만 원을 연리 10%의 복리로 은행에 맡기면 1년 후에는 단리와 같은 10만 원의 이자를 받게 됩니다. 하지만 110만 원으로 늘어난 금액에 10%의 이자가 붙습니다. 따라서 원금은 110만 원, 이자는 11만 원이 되어 2년 후의 통장에는 모두 121만 원의 금액이 생기게 됩니다.

단리와 복리의 결정적인 차이는 복리에서는 이자가 원금에 합산되어 '새로운 원금'이 된다는 점입니다. 따라서 금리가 높을수록, 증식 기간이 길수록 단리와 복리의 차이는 커집니다.

복리는 '기간'이라는 개념을 염두에 두고 장기적인 승부를 해야 한다는 것을 잊지 마세요. 자녀가 태어났을 때 20년을 두고 대학 학자금을 만드는 방법 등이 복리식의 접근법입니다.

100만 원을 연리 10%의 단리와 복리로 예금했을 경우 연도별로 금액이 어떻게 늘어나는지 비교해볼까요?

7년이면 단리는 1.7배, 복리는 2배가 되고 10년이 지나면 단리는 2배가 되지만 복리는 2.6배가 됩니다. 이것이 단리와 복리의 차이입니다.

	단리	복리
1년	110	110
2년	120	121
3년	130	133
5년	150	160
7년	170	194
10년	200	259

(단위 : 만원)

복리의 마술과 '72의 법칙'

1626년 아메리카 이주민들은 지금의 맨해튼 섬을 인디언들로부터 24달러에 사들였습니다. 그것도 현금으로 매입한 것이 아니라 인디언들이 좋아하는 액세서리나 먹을 것과 교환한 것이었죠.

그때부터 360년이 지난 1986년 맨해튼의 땅값은 25조 달러였습니다. 대략 1천억 배가 오른 것이죠. 이는 24달러를 360년 동안 연 이자율 8% 정도의 복리로 늘린 금액과 같습니다.

24달러를 복리로 늘리면 다음과 같은 공식이 됩니다.

24달러×(1.08)^{360}=25,868,000,000,000달러. 만약 복리가 아닌 단리라면 어떻게 계산할까요? 24달러×1.08×360=9,331.2달러가 됩니다.

이처럼 단리와 복리는 기간이 길수록 하늘과 땅만큼의 차이가 나게 됩니다. 이것이 복리의 마술이죠.

복리가 단리보다 훨씬 더 빠르게 증식된다는 것은 알고 있지만 복리의 복잡한 계산 방식 때문에 일반인들이 복리를 이해하기는 쉽지 않습니다. 이에 대한 이해를 돕기 위해 나온 것이 '72의 법칙'입니다.

72의 법칙은 복리로 자산을 증식할 경우 원금의 2배가 되는 시점이 언제인가 하는 문제에서 나왔습니다. 즉 72를 이자율(수익률)로 나눈 값이 2배가 되는 시점을 찾은 것인데요, 만약 연리 10%의 복리상품을 샀다면 72÷10=7.2년이 됩니다. 곧 7.2년 후에 원금의 2배가 된다는 뜻이죠.

이 법칙을 발견한 것은 기이하게도 물리학자 아인슈타인이었습니다. 아인슈타인은 '복리는 인류의 발명품 중에서 가장 위대한 것'이라며 복리의 위력에 대해 감탄한 바 있죠.

아인슈타인이 고리대금업을 연구했을 리는 없을 것이고, 아인슈타인은 어떻게 복리를 발견했을까요? 아마도 양자역학을 연구하다가 발견 한 게 아닐까 생각됩니다. 처음 하나의 중성자가 원자핵을 때리면 그 원자핵이 파괴되면서 여러 개의 중성자가 튀어나와 이웃한 원자핵들을 때리면서 연쇄반응을 일으키는데, 그 형태가 복리와 흡사하다는 것입니다. 불꽃놀이를 연상하면 될 것입니다.

이자율이 연 10%일 경우 원금의 2배가 되기까지 단리는 10년이 걸리지만 복리는 대략 7년이면 원금의 2배로 불어나고 10년이면 2.6배로 불어납니다.

그렇다면 1억으로 5년 동안 원금의 2배를 만들려면 수익률이 얼마나 되는 곳에 투자를 해야 할까요? 만약 수익률이 20%인 상품에 복리로 투자한다면 원금의 2배가 되는 데에는 몇 년이 걸릴까요?

72의 법칙을 이용하여 72라는 숫자를 이자율로 나누면 2배가 되는 데에 필요한 기간이 되고, 기간으로 나누면 2배가 되는 데에 필요한 이자율이 나옵니다.

우선 5년 동안에 원금을 2배로 늘리기 위해 필요한 이자율을 구해보겠습니다. 72를 5로 나누면 필요한 이자율이 산출됩니다. 72÷5=14.4, 곧 수익률이 14.4% 이상인 상품에 투자를 하면 됩니다. 그리고 수익률을 20%로 높인다면 72÷20=3.6년이 되므로, 3.6년이면 원금의 2배가 됩니다.

무시무시한 사채의 비밀

적금이란 정해진 기간에, 일정한 간격으로, 일정한 금액을 불입하여 약정 기간이 만료되면 원금과 이자를 함께 돌려받는 금융상품입니다. 연 이자율 10%의 적금상품에 매월 100만 원씩 12개월 동안 불입한다면 얼마를 돌려받을 수 있을까요? 이 경우 이자는 어떻게 계산할까요?

  얼핏 보기에 이자율이 10%이므로 1년 후에는 1,200만 원의 10%인 120만 원의 이자가 붙을 것 같습니다. 그러나 이러한 계산은 잘못된 생각입니다. 매월 불입하는 금액이 은행에 머무르는 시간에서 차이가 나기 때문입니다.

첫 달에 불입한 돈은 12개월 동안 은행에 머물지만 마지막에 불입한 돈은 단 1개월 동안만 은행에 머무릅니다. 그래서 첫 달에 불입한 금액에는 10%의 이자가 그대로 적용되지만 둘째 달에 불입한 돈에는 10%의 $\frac{11}{12}$로 9.16%, 셋째 달에 불입한 돈에는 10%의 $\frac{10}{12}$으로 8.33%…… 이렇게 하여 11번째 달에 불입한 금액에는 10%의 $\frac{2}{12}$로 1.67%, 12번째 달에 불입한 금액에는 10%의 $\frac{1}{12}$로 0.83%가 적용됩니다.

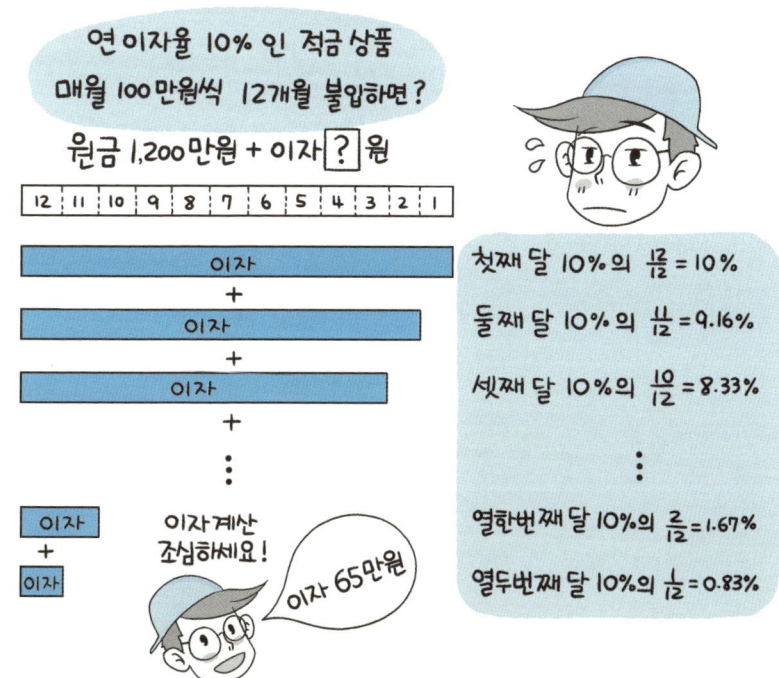

누적된 원금에다 12개월의 이자를 모두 더하면 1년 후에 찾을 수 있는 총액이 됩니다. 누적된 원금은 100만 원×12=1,200만 원이지만 이자 계산이 조금 복잡하죠.

그런데 이것을 가만히 보면 1+2+3+ …… 97+98+100의 이치와 같다는 것을 알 수 있습니다. 곧 1+100=101, 2+99=101, 3+98=101……이 되는 것입니다. 그렇다면 1부터 100까지의 합은 101을 100의 절반인 50으로 곱한 것과 같겠죠? 따라서 101×50=5,050이 됩니다.

위의 이자율도 그런 방식으로 접근해보면, 첫 달의 이자율 10%와 마지막 달의 이자율 0.83%를 더하여 10.83을 얻을 수 있습니다. 이것을 12의 절반인 6으로 곱하면, 10.83×6=64.98%로 약 65%입니다. 정확하게 65%가 되지 않는 것은 소수점의 절상, 절하로 일어나는 오차 때문이에요.

이번에는 이것을 우아한 공식으로 나타내볼까요? 월불입금은 P원, 연 이자율을 r%, 만기를 n개월이라고 하면,

이자는 $P \times (\frac{r}{12}) \times \{\frac{n(n+1)}{2}\}$ 이 됩니다.

P에 100만 원, r에 10%, n에 12개월을 대입하면 $1,000,000 \times (\frac{0.1}{12}) \times (\frac{12 \times 13}{2})$ =650,000이 되어 12개월 동안의 이자는 650,000원입니다. 이를 원금 1,200만 원과 합산하면 12,650,000원으로 우리가 생각했던 것의 절반 정도가 되죠.

금융과 관련하여 매스컴에 자주 보도되는 내용 중 하나가 고금리 사채의 사회적인 문제점입니다. 사채란 대부분 복리식의 비싼 이자를 받는 고리대금업이에요. 100만 원을 월 20%의 복리로 빌렸다면 한 달 후에는 120만 원을 갚아야 합니다. 이를 갚지 못하면 다음 달에는 120만 원에서 다시 20%의 이자인 24만 원이 붙어 144만 원이 됩니다. 6개월 후에는 298만 원, 1년 후에는 891만 원이 되는 것이죠.

절상 [切上]
소수점 이하는 올리는 것을 말합니다. 올림으로 순화해서 말합니다.

절하 [切下]
소수점 이하는 버리는 것을 말합니다. 내림으로 순화해서 말합니다.

사채 이자를 단리와 복리로 비교해볼까요? 100이라는 돈을 연 이자율이 365%인 단리로 빌릴 경우와 1%의 1일 복리로 빌릴 경우 일 년 후에는 얼마나 차이가 날까요?

얼핏 보기에는 결과가 같을 것 같습니다. 그러나 결과에 있어서 큰 차이가 납니다. 결과부터 말하자면 거의 10배 차이가 납니다. 어째서 그렇게 차이가 나는지 살펴보겠습니다.

연 이자율이 365%인 단리로 계산했을 때 사채 이자는 $100 \times (1+3.65)=465$가 됩니다. ( )안에 있는 숫자 중 1은 원금, 3.65는 이자율을 의미합니다.

1%의 1일 복리로 계산했을 때 사채 이자는 $100 \times (1.01)^{365}=3,778$

됩니다. 대략 원금의 38배 수준으로 늘어납니다. 이것을 단리로 계산하면 연 이자율은 3,778%가 됩니다. 복리의 위력을 말해주는 숫자이죠. 어떤 경우에도 사채 이자의 함정에 빠져서는 안 되겠죠?

이번에는 가상투자를 해보겠습니다. 어떤 사람이 매월 10만 원을 연 10%의 복리상품에 투자한다고 가정하면 10년, 20년, 30년 후에는 얼마로 늘어날까요? 이것은 평범한 직장인들이 퇴직할 때까지 30년 동안 매월 10만 원씩을 연 10%의 복리상품에 투자한다고 할 때 30년 후에는 얼마가 되느냐 하는 문제와 같습니다.

30년 동안 매월 10만 원을 복리상품에 불입한다면 2억 2천 6백만 원, 50년 후에는 무려 17억 원으로 늘어납니다.

	불입금(만원)	원금+이자(만원)
10년 후	1,200	2,048
20년 후	2,400	7,593
30년 후	3,600	22,604
40년 후	4,800	63,240
50년 후	6,000	173,243

내게 맞는 금리상품에는 뭐가 있을까?

서점에 자주 가는 것으로 독서 습관을 기르듯이 금융회사에 자주 가는 것만으로도 금융에 대해 눈을 뜰 수 있습니다. 그리고 금융상품 책자를 얻어서 직접 금융상품을 구입해보는 것은 살아 있는 공부가 될 수 있습니다.

현재 판매 중인 어린이 금융상품은 크게 어린이 예금, 어린이 적금, 어린이 펀드, 어린이 변액보험 등으로 나눠볼 수 있습니다. 경제공부가 목적이라면 가입 기간이 비교적 짧은 예금이나 적금을 드는 것이 좋습니다. 어린이 적금의 경우 원금이 보장된다

> **증여세** [贈與稅]
> 다른 사람의 권리나 재산을 받은 사람이 내는 세금을 말합니다.
>
> **비과세** [非課稅]
> 다른 사람의 권리나 재산에 세금을 매기지 않는다는 뜻입니다.

는 장점이 있으나 수익률은 4~5%로 비교적 낮은 편입니다. 금융을 이해하고 저축하는 습관을 기르기에 안성맞춤인 상품으로 볼 수 있습니다.

반대로 미래의 학자금 마련 등 장기적인 자금 수요에 대비하기 위해서라면 가입 기간이 길고 수익률이 높은 상품을 고르는 게 절대적으로 유리합니다. 이때에는 이자에 이자가 붙는 복리 효과를 기대할 수 있는 상품을 고르는 것이 가장 좋습니다.

어린이 펀드는 경제공부와 함께 장기적으로 학자금 마련에 유리한 상품입니다. 맡긴 돈이 주식투자를 통해 늘어나는 과정을 보면서 주식투자의 개념을 터득할 수 있습니다. 그리고 가입한 펀드의 수익률을 확인하고, 운용보고서를 통해 내가 가입한 펀드가 어떤 주식에 얼마나 투자되었는지 엄마와 함께 관심을 가지고 공부를 할 수 있는 기회가 됩니다.

요즘엔 각 증권회사에서 어린이를 위한 경제교실을 개최하고 있습니다. 이런 기회를 이용해보는 것도 좋습니다.

외국의 부모들은 장기적으로 자녀의 독립자금을 마련해주는 펀드에 가입하는 경우가 많습니다. 우리나라의 경우 19세 미만 자녀에게는 1,500만 원까지의 증여세가 비과세이므로 자녀의 명의로 펀드를 개설하여 증식과정을 공부하는 것도 좋을 것입니다.

연 10%의 수익을 예상한다면 15년 후 약 6,000만 원 이상의 목돈을 아이에게 마련해줄 수 있습니다.

보장과 목돈 마련이라는 측면을 본다면 어린이 변액보험도 추천할 만한 상품이에요. 어린이 펀드가 장기적인 목적의 자금을 만드는 것이라면, 어린이 보험 특히 어린이 변액보험은 자녀에 대한 보장을 얹은 상품입니다.

어린이 변액보험은 태아기, 유년기, 청소년기, 독립시기, 결혼적령기, 노후기까지 보장하는 종신보장 형태입니다. 전문가들은 15년을 기준으로 하여 그 이하의 기간이라면 적립식 펀드에, 그 이상이라면 변액보험에 투자하는 것이 바람직하다고 말합니다.

은행이 가장 무서워하는 것?

20년 전쯤 일본에서는 기이한 소문으로 멀쩡하던 은행이 문을 닫은 사건이 일어났습니다. 그 소문은 ××은행이 재정위기에 처했다는 내용의 소문이었습니다. 사람들 사이에 ××은행이 위험하다는 괴소문이 돌자, 그 소문은 삽시간에 퍼져 그 은행의 예금자들은 돈을 찾기 위해 은행으로 몰렸습니다. 갑자기 많은 예금이 빠져나가자 그 은행은 재정위기에 빠졌습니다. 소문 하나에 멀쩡하던 은행이 하루아침에 재정위기에 빠지게 된 것이죠.

아무리 자금구조가 튼튼하다고 해도 이런 유형의 괴소문에 걸려들면 꼼짝 없이 문을 닫아야 하는 것이 은행입니다. 금융기관들이 가장 무서워하는 것이 바로 이런 소문이죠.

2011년에는 몇몇 저축은행들이 부실하다는 소문이 돌면서 예금인출 사태가 일어나고, 예금인출을 견디지 못한 일부 저축은행들이 문을 닫는 일이 발생했습니다. 하지만 이러한 소문의 위험 속에서도 우수한 성적으로 자금을 유지하는 은행들이 있습니다.

잠시 그들의 유지 비밀을 알아볼까요?

은행은 중세의 금 세공업자에서 비롯되었습니다. 예나 지금이나 금은 가장 확실한 재산이었습니다. 그러나 금덩이는 소액 거래에 불편할 뿐 아니라 늘 도난의 위험이 따랐죠.

그래서 금을 가진 사람들은 금 세공업자에게 금덩이를 맡기고 대신 위탁증서를 받았습니다. 위탁증서는 필요하면 언제든지 금을 찾아갈 수 있다는 내용의 문서였습니다. 사람들은 무거운 금덩이 대신 간편한 증서를 가지고 거래를 할 수 있어 편리했어요.

한편 금 세공업자는 사람들이 맡긴 금을 한꺼번에 찾아가지 않는다는 사실을 깨닫고 보관하고 있는 금보다 더 많은 양의 증서를 발행했습니다. 금 100kg을 가지면 10배 정도의 증서를 발행하는 식이었죠. 그는 이렇게 발행한 돈으로 부를 축적하거나

> **예대마진** [Loan-Deposit margin]
> 금융기관이 대출로 받은 이자에서 예금에 지불한 이자를 뺀 나머지 부분으로 금융기관의 수입을 말합니다. 대출금리가 높고 예금금리가 낮을수록 예대마진이 커지고 금융기관의 수입은 그만큼 늘어나게 되므로 금융기관의 수익성을 나타내는 지표가 됩니다.

부동산을 구입하기도 하고 다른 사람들에게 이자를 받고 빌려주기도 했습니다.

그런데 이때 금 세공업자가 금을 빼돌린다는 소문이 나면 어떻게 될까요? 그러면 금을 맡긴 사람들은 너도나도 금을 돌려받기 위해 몰려들 것입니다. 하지만 금 세공업자가 보관하고 있는 금의 양은 발행한 증서의 10%밖에 되지 않으니 모든 이들에게 금을 돌려줄 수는 없겠죠. 아마도 금 세공업자는 파산을 하고 말 것입니다.

은행이 운영되는 것도 이와 마찬가지입니다. 예금자들이 은행에 돈을 맡기면 은행은 맡긴 돈의 일부만 남기고 다른 사람들에게 이자를 받고 빌려줍니다. 그리고 그들에게서 받는 이자의 일부를 맡긴 사람들에게 돌려줍니다. 돈을 빌려줄 때는 5%의 이자를 받고, 예금자에게는 3%의 이자를 돌려줘서 2%를 남기는 식이죠. 대출이자와 예금이자의 차이, 곧 예대마진으로 은행이 유지되는 것입니다.

만약 특정 은행이 부실하다는 소문이 돌면 예금자들은 자신의 돈을 잃을까 두려워 예금한 돈을 찾기 위해 은행에 한꺼번에

몰려들게 됩니다. 하지만 그 돈은 이미 다른 사람들에게 빌려준 상태지요. 예대마진으로 남은 돈은 모든 예금자에게 돌려줄 양에 턱없이 부족합니다. 그래서 결국 은행은 문을 닫게 되죠.

 은행이나 금융기관의 생명은 오직 '안전하다'는 믿음과 신용입니다. 은행들이 비싼 건물 중에서도 가장 임대료가 비싼 1층에 점포를 두고 있는 것도 우리는 '안전하다'는 것을 알려서 사람들의 신용을 얻기 위해서입니다.

가난한 사람들만
이용할 수 있는 은행

은행에서 돈을 빌리려면 대부분 담보가 있어야 합니다. 그래서 서민들에게는 은행의 문턱이 높기만 합니다. 그런데 담보가 없는 가난한 사람들에게만 돈을 빌려주는 은행이 세상에 단 한 곳 있습니다. 바로 방글라데시의 그라민 은행입니다.

이 은행을 설립한 사람은 무하마드 유누스 씨로 방글라데시의 부유한 보석가공업자의 아들로 태어나 미국에서 공부한 경제학 박사입니다. 공부를 마친 그는 자신이 배운 서구식 학문으로 조국의 가난을 해결하겠다는 큰 꿈을 품고 귀국하여 대학에서 교

편을 잡았습니다. 그러나 조국의 현실은 참혹했습니다.

1974년, 방글라데시에 엄청난 기근이 닥쳤습니다. 수많은 사람이 굶주림에 죽어가고 있었지만 이들을 도와주는 곳은 아무 데도 없었습니다. 그는 은행을 찾아다니면서 이들을 도와야 한다고 호소했지만 은행은 모두 거절했어요.

그는 은행이 정작 돈이 필요한 사람들에게는 돈을 빌려주지 않는 현실 앞에서 자신이 배운 경제학이라는 학문에 근본적인 회의를 품게 되었습니다.

어느 날 그는 단돈 25센트를 고리대금업자에게 빌렸다가 노예처럼 살고 있는 한 여인을 만나게 되었어요. 마을에는 동일한 사연으로 고통받는 사람들이 의외로 많았습니다. 그는 이들에게 주머닛돈 27달러를 털어주었고, 돌려받을 기대도 하지 않았습니다. 그러나 놀랍게도 6개월 후에 그 여인은 빌린 돈을 들고 찾아왔습니다.

이 일을 경험한 후, 그는 이들의 가난을 해결하는 일에 뛰어들기로 결심했습니다. 그는 자신의 신용으로 빌릴 수 있는 1만 타카(240달러)를 가지고 그라민 은행을 설립하여 가난한 사람들에게 소액 대출을 하기 시작했어요. 그라민 은행이 탄생한 것이죠. 방글라데시어로 그라민은 '마을'이라는 뜻입니다. 실험은 성공적이었습니다.

가난으로 남편과 자식을 여읜 여인은 그라민 은행에서 빌린 돈으로 대나무 바구니를 만들어 팔기 시작했습니다. 약간의 여유가 생기자 송아지를 사서 길렀죠. 송아지가 자라서 새끼를 낳자 송아지를 팔고 우유를 짰습니다. 마침내 절대적인 빈곤에서 탈출한 그녀는 원금을 모두 갚았습니다.

이 은행 대출금의 95%는 여성에게 할당된다고 합니다. 엄격한 이슬람 율법 아래에서 가장 고통받는 계층이 여성과 어린이라는 점을 고려하여 여성에게 우선 대출을 해주는 것이죠. 그리고 여성 우선 대출에는 아이를 끝까지 지키는 것은 여성이라는 의미도 포함되어 있습니다.

빌려주는 돈의 규모는 1인당 150달러 내외의 소액 갱생자금으로, 최하위 25% 이내의 사람들에게만 빌려 줍니다. 대출 대상의 1순위는 거지입니다.

그라민 은행에서 빌린 돈으로 사람들은 자전거를 구입하여 배달을 하거나 제분기를 구입하여 최소한의 생계를 유지할 수 있었습니다. 그는 지난 30여 년 동안 기아에 허덕이는 가난한 사람들에게 돈을 빌려주어 그들을 절대 가난에서 건져냈습니다.

그라민 은행은 지금 방글라데시 전역에 2,560개가 넘는 지점을 두고 있으며 794만 명에게 대출해준 돈은 연간 80억 달러가 넘습니다. 돈을 빌리는 사람들은 담보도 없고 갚을 능력도 거의 없는 극빈자들이었지만 이 은행이 원금을 회수한 비율은 놀랍게도 90%에 이릅니다. 또한 부실 처리된 금액은 0.3%에 불과합니다.

 이런 공로로 그라민 은행의 설립자 무하마드 유누스는 2006년에 노벨 평화상을 수상했어요. 또한 그는 제8회 서울 평화상을 받기도 했습니다.

TIP
내 통장을 불려주는 금융상품

채권 / 국채

채권은 예산 부족을 메우기 위해 국가나 지방 자치단체가 발행하는 유가증권입니다. 발행기관에 따라 국가가 발행하는 국채, 지방 자치단체가 발행하는 지방채, 특수법인이 발행하는 특수채, 일반 회사가 발행하는 회사채 등이 있습니다. 채권은 발행 기관이 국가 기관인 경우가 대부분이므로 나라가 망하지 않는 한 떼일 염려가 없는 가장 안전한 유가증권이에요.

특수채에는 특별법에 의해 설립된 산업은행의 산금채, 한전에서 발행하는 한전채, 지하철 공사가 발행하는 지하철 공채 등이 있습니다.

채권은 만기일에 약속된 이자와 원금을 받을 수 있어 은행에 정기예금을 하는 것과 같은 효과가 있습니다. 그리고 채권의 가장 큰 장점은 안정성입니다. 국가나 지방 자치단체가 발행하는 국공채는 물론이고 회사채도 우량회사만 발행할 수 있기 때문에 대부분 믿을 수 있습니다.

채권은 유통시장에서 얼마든지 현금으로 거래가 가능하기에 유동성도 뛰어납니다. 또 유통시장에서의 가격이 고정되어 있지 않으므로 시세차익을 올릴 수도 있습니다.

한 연구에 의하면 지난 25년 동안 채권 수익률은 주식이나 부동산 수익을 능가할 정도라고 합니다. 아직 일반인들에게 잘 알려지지 않은 분야이므로 공부를 하면 좋은 기회가 많은 분야입니다.

펀드 fund

펀드는 특정의 목적을 가진 '기금'라는 의미입니다. 그래서 원래는 투자신탁의 신탁 재산을 가리키는 말이었으나 요즘은 자산 보유자를 대신하여 투자를 해주는 금융상품을 가리키는 용어가 되었어요. 즉 금융지식이 있는 자산관리 전문가가 고객의 돈을 위탁받아 국·내외의 채권, 주식, 부동산 등에 투자하고 수익을 얻어 이를 자산가에게 되돌려주는 간접투자를 말합니다.

대표적인 펀드로는 단기 금융상품(주로 채권)에 투자하고 그 수익을 고객에게 돌려주는 펀드인 MMF Money Market Fund와 주식시장에 투자한 후 그 수익을 배분하는 뮤추얼펀드 Mutual Fund 등이 있습니다.

펀드는 어느 곳에 투자하느냐에 따라 다양하게 분류됩니다. 주식에 집중하는 주식펀드, 채권에 집중하는 채권펀드, 주식과 채권에 집중하는 혼합펀드, 연금에 투자하는 연금펀드, 땅에 투자하는 부동산펀드, 금·은 등 실물에 투자하는 실물펀드, 선박이나 도로 등에 투자하는 특별자산펀드 등으로 나누어집니다.

펀드는 전문가가 투자를 대행해준다는 의미에서 전문지식이 부족한 일반인들에게 유리하지만 항상 고수익이 보장되는 것은 아니에요. 투자수익을 나누는 것이기 때문에 때로는 손해를 볼 수도 있다는 점을 명심해야 합니다.

어음

어음이란 일정한 금액을 일정한 시기와 장소에서 지급할 것을 약속하는 유가증권이에요. 어음은 대금의 지급 방식에 따라 환어음과 약속어음으로 나누어집니다.

환어음과 약속어음은 차이가 있으므로 잘 익혀 두어야 합니다. 우선 환어음은 발행자와 지급 의무자가 서로 다릅니다. A라는 사람이 B라는 사람으로부터 물건을 구입하고 C라는 은행의 이름으로 환어음을 발행하면, 일정 기간 후 B는 C 은행으로부터 돈을 받을 권리를 갖게 되고 C 은행은 B에게 돈을 지불할 의무가 생깁니다. A 역시 C 은행에 그 돈을 지불할 의무가 생기죠. 이처럼 환어음은 A, B, C 3사람 사이의 계약이라는 의미에요.

권리와 의무관계가 복잡해 보이지만 A, B 두 사람의 거래를 C라는 은행이 보증해주는 것이라고 생각하면 됩니다.

반대로 약속어음은 A, B 두 사람 간의 거래에서 상대방에게 일정한 기간 후에 일정한 금액의 돈을 지불할 것을 서면으로 약속하는 것을 말합니다.

양도성 예금증서, CD

CD는 양도성 예금증서Certificate of Deposit의 약자입니다. 말 그대로 다른 사람에게 양도할 수 있는 예금증서를 말합니다. 남에게 양도할 수도 있고 다른 사람에게 팔 수도 있습니다. 은행은 만기일에 이 증서CD를 소지한 사람에게 금액을 지급합니다.

어떤 고객이 1년 후에 1,000만 원을 받을 수 있는 연 이율이 10%인 양도성 예금에 가입하려 한다면 이자를 뺀 900만 원이 조금 넘는 돈으로 1,000만 원짜리 CD 증서를 받는 것입니다.

이것을 받는 사람은 1년 후에 1,000만 원을 찾을 수도 있지만 다른 사람에게 950만 원에 팔 수도 있습니다. 그러면 50만 원에 가까운 차익을 얻을 수 있겠죠? 이러한 양도성 예금증서는 세금을 피하기 위해 이용되기도 합니다.

내가 기업의 주인이 된다고? 주식
오마하의 현인과 두 얼굴의 사나이
살아있는 경제교육, 모의투자
미래의 시장에서 거래해요, 선물시장
알쏭달쏭 선물과 옵션의 차이
기상천외, 별난 금융상품들!
보이고 밟히는 돈, 부동산
저요! 저요! 두근거리는 경매놀이

돈이 되는 물건에는
뭐가 있을까?
'주식, 선물, 부동산, 경매'

내가 기업의 주인이 된다고? 주식

주식이란 기업에 대한 권리와 의무를 행사할 수 있는 유가증권입니다. 어느 기업이 100만 주의 주식을 발행했다면 그 회사의 주식을 1주 구입한 사람은 그 회사에 대한 100만분의 1 권리를 행사할 수 있습니다. 여기에서 권리란 경영 참여권과 수익 배당권을 말합니다.

 주식은 기업의 경영환경 변화나 성과에 따라 수시로 오르고 내립니다. 사람들이 주식을 사는 것은 낮은 가격에 사고 높은 가격에 팔아 시세차익과 배당금 수익을 기대하기 때문입니다.

주식은 부동산과는 달리 환금성이 뛰어나고 잘만 하면 큰돈을 벌 수도 있지만 잘못하면 원금마저 잃을 수 있습니다.

주가는 장기적으로는 해당 기업의 실적에 영향을 받지만 단기적으로는 수요와 공급, 정치, 경제, 경기, 국제정세, 유가, 환율, 금리, 외국의 경제 사정 등 다양한 요인에 의해 오르고 내립니다.

> **배당금** [配當金]
> 기업활동으로 기업에 이익이 발생했을 때 기업이 주식 소유자에게 주는 회사의 이익 분배금을 말합니다.

주가는 내일의 날씨와도 같습니다. 아무도 정확하게 예측하지 못하기 때문이죠. 전문가들은 투자자 나름대로의 원칙과 철학을 갖지 않으면 실패한다고 말합니다. 다른 사람의 움직임에 부화뇌동하지 말라는 것이죠.

주식에서 돈을 버는 방법은 낮은 가격에 사서 높은 가격에 파는 것입니다. 주식도 상품이므로 사려는 사람과 팔려는 사람의 균형점에서 가격이 결정됩니다. 그러나 주식의 가격은 일반 상품과는 달리 수요, 즉 '대기자금'에 의해 주로 결정됩니다. 대기자금이 많으면 주가는 오를 수밖에 없고 대기자금이 빠져나가면 주가는 바람 빠진 풍선처럼 내려갈 수밖에 없습니다.

사람들은 이 대기자금을 바람에 비유합니다. 바람이 불면 연이 높이 날지만 바람이 그치면 연이 곤두박질치는 것과 같다는 것입니다.

주식은 수익금이 원금에 합산되는 전형적인 복리식 투자상품이에요. 100만 원을 가지고 연 20%의 수익을 올리면서 복리 방식으로 투자를 하면 5년이면 248.8만 원, 10년이면 619.1만 원, 20년이면 3,833.75만 원으로 늘어납니다. 연 20% 정도의 수익이 쉽지는 않지만, 불가능한 일은 아니에요.

보통 주식은 월 단위로 수익을 따집니다. 100만 원을 가지고 월 15%의 수익을 올린다고 가정하면 6개월에는 231만 원, 1년이면 535만 원으로 불어나게 됩니다.

1째달	115
2째달	132
3째달	152
:	
7째달	266
8째달	305
:	
11째달	465
12째달	535

주식은 나라마다 약간씩 규정이 다릅니다. 하루에 오르고 내

릴 수 있는 상하한선이 있는 나라도 있고 없는 나라도 있어요. 우리나라는 주식시장의 지나친 과열이나 지나친 폭락을 막기 위해 상하한선 제도를 두고 있습니다. 하지만 미국 증시에는 상하한선이 없습니다. 주식 가격이 상한선까지 오르는 것을 상종가라고 하는데요, 상한가라고도 합니다. 현재 우리나라에서 규정된 상하한선의 폭은 15%입니다.

1,000만 원을 투자하여 10일 동안 잇달아 상종가인 15% 상승을 기록했다고 가정해봅시다. 5일이면 원금의 2배, 8일이면 3배, 10일이면 4배가 됩니다. 실제로도 10일 동안 연속 상한가를 기록하는 경우는 일 년에 몇 번 정도 있습니다.

	금 액(만원)
시작	1000
5일	2011.35
8일	3059.02
10일	4045.55

2010년에는 리홈 주식이 6일 연속, 이미지스 주식이 10일 연속, 조선선재 주식이 17일 연속 상한가를 기록하여 10배가 넘는 수익률을 기록했습니다.

오마하의 현인과
두 얼굴의 사나이

유대계 미국인 워렌 버핏은 '가치투자'라는 자신만의 독특한 투자철학으로 세계 2위의 부자가 된 인물입니다.

주식투자는 단기적인 시세차익을 노리는 단기투자와 성장 전망이 좋은 기업의 주식을 사서 오랫동안 보유하는 장기투자로 나뉩니다. 워렌 버핏은 전형적인 장기투자가였습니다. 버핏의 가치투자 개념은 대략 '저평가된 우량회사의 주식을 사서 장기간 보유한다' 정도로 정의할 수 있습니다. 기업의 내재된 가치를 본다는 의미에서 가치투자라고 불리게 된 것이죠.

워렌 버핏은 여섯 살 때 콜라를 팔아 돈을 벌기 시작하여 13살에는 증권시장에서 심부름을 하면서 생애 처음으로 주식을 구입했습니다. 그후 신문 배달 등으로 돈을 벌어 20살에는 9,800달러를 모았습니다. 그는 그 돈으로 주식투자를 했고 40년 동안 원금의 7,500배인, 440억 달러를 벌었습니다.

그리고 2006년 6월 그는 전 재산의 85%인 374억 달러를 사회에 기부했습니다. 그가 기부한 재단은 자신의 이름을 내건 재단이 아닌 빌 게이츠가 설립한 재단이었습니다. 자신의 이름을 남

	누계금액(만원)
1년	125
5년	305.17
10년	931.32
15년	2842.17
20년	8673.61
25년	26469.77
30년	80779.35
35년	246519.03
40년	752316.38

기기 위한 명목상의 기부가 아니었던 것이죠. 그런 그였지만 딸이 사업자금을 요구하자 거절하면서 이렇게 말했다고 합니다.

"아빠는 은행이 아니란다."

미국에서는 이런 워렌 버핏을 두고 오마하의 현인이라고 부릅니다. 오마하는 그가 태어난 고향이에요.

주식은 복리 방식입니다. 만약 100만 원을 투자하여 25%인 25만 원을 벌었다면, 다음 단계에서는 원금과 수익금을 합산한 금액인 125만 원을 가지고 다시 125만 원의 25%인 31.25만 원을 버는 방식이죠.

이제 이것을 40년 동안 투자했을 경우를 계산해봅시다. 위의 그림은 원금 100만 원, 수익률 25%, 원금합산 방식의 복리로 한 계산입니다.

워렌 버핏과 쌍벽을 이루는 투자가로는 조지 소로스를 손꼽습니다. 버핏의 이론은 이해하기 쉽지만 조지 소로스의 투자이론은 난해합니다. 그의 투자이론은 불확정성 이론과 재귀성 가설에서 출발합니다.

불확정성 이론은 **양자역학**에서 나오는 개념이에요. 양자역학에 의하면 전자의 무게와 위치는 동시에 알 수 없다고 합니다. 측정 장치에 의해 영향을 받기 때문이죠.

사회현상에 비유하자면 선거에서 A 후보를 찍겠다고 마음먹었던 사람이 여론조사 결과를 보고는 마음을 바꾸는 것과 같습니다. 이것이 불확정성 이론이에요.

이런 현상을 두고 철학자 **칼 포퍼**는 "진리는 확률적인 분포로 존재한다."고 말했습니다. 런던 대학에서 칼 포퍼의 충실한 제자였던 조지 소로스는 스승의 철학에 매료되었습니다.

조지 소로스는 그런 현상을 주식투자에 역이용하였습니다. 조지 소로스가

양자역학 [量子力學]
양자역학은 현대 물리학의 기초를 이루는 이론으로, 아주 작은 구성원인 미립자들의 운동을 설명하는 이론입니다.

칼 포퍼
[Karl Raimund Popper, 1902~1994]
오스트리아에서 태어난 영국의 철학자입니다. 그는 객관적인 지식을 탐구하고 그것이 가능한 방법을 역설한 과학철학자입니다.

특정 주식을 매집하는 것으로 알려지면 그 주식의 가격은 하늘 높은 줄 모르고 올랐습니다. 그러면 그는 반대로 그 주식을 팔아서 높은 차익을 챙길 수 있었죠.

헝가리 태생의 유대인인 조지 소로스는 제2차 세계대전 당시 나치의 학살에서 도망쳐 미국으로 갔습니다. 그는 생존을 위해 유대인 신분을 숨기고 환투기를 시작했고 큰 부를 모았습니다. 그리고 그 돈을 종잣돈으로 주식에 투자해서 세계적인 거부가 되었습니다.

그는 두 얼굴의 사나이로 알려지고 있어요. 1992년 영국의 파운드화가 20% 떨어졌습니다. 하지만 조지 소로스는 단 며칠 만에 10억 달러를 벌어들였습니다. 남의 위기를 이용해서 돈을 번 셈이죠.

하지만 그는 그렇게 번 돈으로 엄청난 규모의 자선사업을 했습니다. 이러한 이중적인 행동 때문에 사람들은 그를 두 얼굴의 사나이라고 불렀습니다. 그는 보스니아 내전 당시 사라예보 시민을 위해 5천만 달러를 지원하는가 하면 소련의 과학 분야를 회생시키기 위해 1억 달러를 내놓기도 했습니다.

이처럼 주식투자에는 정답이 없습니다. 워렌 버핏이나 조지 소로스 모두 자신만의 원칙과 철학을 가진 사람들입니다. 그리고 그들은 그 원칙에 충실했습니다.

그렇다면 주식투자에 대한 수많은 성공철학을 결합하면 좋은 결과가 나올까요?

전혀 아닙니다. 주식투자에는 자신만의 원칙과 철학이 있어야 합니다. 그것이 비록 성공한 사람과 정 반대의 법칙이라도 말이죠.

실제로 버핏과 소로스는 서로 정반대의 투자 원칙을 가지고 있는 인물들입니다. 워렌 버핏은 저평가된 우량주에 장기간 투자를 하는 방식이고 조지 소로스는 단기에 승부를 거는 방식이기 때문이죠.

살아있는 경제교육, 모의투자

워렌 버핏은 자녀와 손자들에게 미국의 경제지인 〈월 스트리트 저널〉을 읽혀서 경제와 주식에 대해 가르쳤어요. 워렌 버핏은 아이스크림을 좋아하는 손녀딸에게 용돈을 모아 아이스크림 회사의 주식을 사게 했습니다.

그리고는 매주 회사의 주식이 어떻게 변하는지, 그 이유가 무엇인지 손녀딸에게 기록하도록 했습니다. 그리고 그것을 가지고 손녀딸과 토론을 벌였습니다. 이것이 그만의 경제교육 방식이었습니다.

워렌 버핏은 학부모들의 모임에서 강연을 통해 자녀와 함께 모의투자를 해 보라고 권장합니다.

미국에서는 청소년의 20% 정도가 실제로 주식투자를 합니다. 미국에는 모의투자 기관도 많습니다. 그리고 모의투자에 참여하는 학생들의 숫자도 매년 70만 명에 이른다고 합니다. 모의투자는 가상의 돈으로 벌이는 게임이지만 그것을 통해서 아주 많은 것을 배울 수 있습니다.

모의투자를 엄마와 함께하거나 가족 모두가 참여하면 더욱 효과적입니다. 실제로 모의투자를 하려면 어떻게 해야 할까요?

> **재무제표** [財務諸表]
> 기업이 회계 연도가 끝나는 때에 결산을 보고하기 위해 작성하는 회계 보고서를 말합니다. 주로 기업의 경영성적이나 재정상태를 외부에 공개할 때 씁니다.

- 각자 투자노트를 만듭니다.
- 가상의 돈은 100만 원 정도로 합니다.
- 각자 원하는 회사를 선정합니다.
- 특정 기업을 선정한 이유를 기록합니다. 이때 특정 기업을 선정한 이유는 무엇이라도 좋습니다. 회사 이름이 마음에 들어서도 좋고, 친구의 아빠가 근무하는 기업이기 때문이어도 좋습니다.
- 선정 기업에 대해 아이템, 매출, 재무제표 등의 자료조사를 합니다.

그러고 나서 각자 특정 주식을 산 날짜, 단가, 수량을 적어서 현재의 평가금액이 얼마가 되어 있는지를 노트에 기록합니다. 물론 사고판 금액은 그날그날의 실제 시세여야 하겠죠?

이의 결과를 놓고 부모님과 함께 토론을 벌이는 것은 아주 좋은 공부가 됩니다. 즐겁게 토론을 하다 보면 주식이 어떤 요인에 의해 어떻게 오르고 내리는지도 이해하게 될 것입니다.

경제지식을 암기하는 것은 어렵지 않지만 그것을 살아있는 지식으로 만들기는 쉽지 않습니다. 경제지식을 습득하기에 가장 좋은 방법은 체험하는 것인데, 모의주식투자는 아주 훌륭한 체험의 기회가 됩니다.

워렌 버핏은 아이가 번 가상금액의 $\frac{1}{10}$을 보너스로 주었다고 합니다. 여러분도 일정률의 수익을 올렸다면 엄마께 보너스를 요청해보는 건 어떨까요? 엄마만의 특별한 보너스가 여러분을 기다리고 있을지도 모릅니다.

미래의 시장에서 거래해요, 선물시장

선물시장은 영어로 'Futures Market'입니다. 미래의 시장이라는 의미죠. 선물이란 상품 거래를 할 때, 계약은 지금 하지만 상품의 대금지불이나 물건은 미래의 어느 지점에서 주고받기로 약속하는 거래 종목입니다.

이러한 선물거래 방식은 거래 당사자들이 가격 변동에 의한 손해를 줄이기 위한 방법으로 도입되었습니다.

농산물을 예로 들어 생각해봅시다. 농산물 가격은 기후에 따라 변동의 폭이 큽니다. 흉년이 들면 가격이 폭등하고 풍년이

들면 가격이 폭락합니다. 선물거래를 하면 농민은 풍년이 들어 가격이 폭락해도 지금 약속하는 가격에 농산물을 팔 수 있고 상인은 흉년이 들어 가격이 폭등해도 지금 약속하는 가격에 물량을 확보할 수 있게 됩니다.

이처럼 선물거래는 가격 변동이 심한 상품 거래에서 거래 당사자 간에 안전장치 역할을 합니다. 선물거래를 할 때 거래 당사자는 계약금액의 10% 정도만 증거금으로 내면 계약을 할 수 있습니다. 이렇듯 선물거래는 적은 돈으로 가격이 불안정한 상품을 계약할 수 있다는 장점이 있습니다.

또 보관과 물량 준비에 필요한 시간을 벌 수 있다는 장점도 있어요. 예를 들어 원유 가격이 오를 것 같아서 원유를 미리 확보하려는 경우를 생각해봅시다. 막대한 금액을 당장 마련하는 것도 문제지만 그 많은 물량을 어디에 보관하느냐도 문제입니다. 이럴 때 선물거래를 이용하면 적은 돈으로 미래의 특정 시점에 인도받을 수 있는 원유를 확보할 수 있습니다.

또한 공급업자는 물량 확보에 필요한 시간을 벌 수 있습니다. 엄청난 물량의 원유를 사겠다는 사람이 나타났다고 해서 공급업자가 당장 원유를 줄 수 있는 것은 아닙니다. 물량을 확보하는 데에는 시간이 필요하기 때문이죠. 하지만 선물거래를 하면 이러한 대형 손님과의 거래도 아무 문제가 없습니다.

우리나라에는 1996년에 선물시장이 도입되었습니다. 우리나라는 자원이 부족해서 안정적인 자원 확보가 필요했기 때문입니다. 선물시장은 주로 농산물, 원자재, 원유 등에서 많이 이용되지만 이제는 통화, 금리, 주식 등으로까지 확대되고 있습니다.

선물은 10% 정도의 증거금으로 10배 정도의 거래를 할 수 있어서 훌륭한 투자 수단이 될 수 있습니다. 1,000만 원으로 1년 후에 1억 원짜리 선물을 사기로 했다고 합시다. 그동안 물건 가격이 10% 올랐다고 하면 1억 1천만 원이 되겠죠? 이처럼 1년에 100%의 수익도 올릴 수 있는 것이 선물거래입니다.

  충분한 정보를 가지고 임하면 큰돈을 벌 수 있는 것이 선물시장입니다. 하지만 반대로 손해를 보는 경우도 얼마든지 있다는 사실을 명심하세요.

알쏭달쏭 선물과 옵션의 차이

선물시장은 앞으로 다양한 영역으로 뻗어날 것입니다. 미래의 가치가 불확실한 거래에는 모두 선물시장이 등장할 수 있을 테니까요.

미국 영화의 근원지인 할리우드에 선물시장이 등장한다는 소식이 들려옵니다. 영화의 성공 여부는 불확실합니다. 그래서 선물시장이 들어설 자리가 있는 셈이죠. 2010년 3월 〈뉴욕타임스〉는 캔터 피츠제럴드의 자회사인 캔터 선물거래소가 온라인 영화 흥행 선물시장을 개장할 계획이라고 보도했습니다.

예를 들어 제작 중인 영화 A의 예상 수익을 1억 달러라고 보았을 때, 여기에 100달러를 투자해서 실제로 1억 5천만 달러를 벌었다면 투자자는 원금을 포함하여 150달러의 수익을 받는 방식입니다.

선물과 옵션은 혼동하기 쉽지만 본질은 상당히 다릅니다. 선물이 현재의 가격으로 미래의 상품을 거래하는 것이라면 옵션은 사고팔 수 있는 권리를 다시 사고파는 상품입니다. 아주 혼동하기 쉬운 개념이므로 꼼꼼히 비교해보세요.

어떤 사람이 집을 1억 원에 팔려고 내놓았습니다. 그런데 A가 보기에 이 집은 1억 5천만 원은 충분히 받을 수 있는 집으로 보였습니다. A는 이 집을 1억 원에 사서 1억 5천만 원에 팔고 싶지만 그럴 돈이 없습니다.

이때 부동산업자는 A에게 그 집을 3개월 후에 1억 1천만 원에 사겠다고 약속하면 소액의 증거금만으로 이 집을 팔 수 있는 권리를 주겠다고 제안했습니다. 그리고 집주인에게는 그 증거금으로 100만 원을 제시했습니다.

이럴 때 집주인은 잘하면 3개월 후에 1억 1천만 원에 집을 팔 수 있어서 좋고, 아니어도 증거금으로 100만 원을 받았으니 크게 손해볼 게 없다고 생각할 것입니다. 이렇게 되면 A는 집주인을 대신하여 그 집을 팔 수 있는 권리를 갖게 됩니다.

A가 만약 이 집을 1억 5천만 원에 팔 수 있다면 집주인에게는 1억 1천만 원만 주면 됩니다. 증거금으로 준 100만 원을 합쳐도 1억 1천 1백만 원이면 되는 것이죠. 나머지 3천 900만 원은 자신의 몫이 됩니다.

여기서 또 다른 사람인 B가 보니 그 집이라면 2억 원은 충분히 받을 수 있다는 계산이 나왔습니다. B는 A에게 접근하여 300만 원을 줄 테니 그 집을 팔 수 있는 권리를 달라고 제안했습니다. 만약 거래가 성사된다면 B는 그 집을 2억 원에 팔아서 집주인에게 1억 1천만 원, A에게 300만 원을 지불하고 나머지는 자신의 몫으로 가지면 됩니다. 이처럼 사고팔 수 있는 권리를 다시 사고파는 것이 옵션입니다.

기상천외,
별난 금융상품들!

런던 선물거래소에서는 '발틱운임지수'를 사고팝니다. 발틱운임지수란 석탄, 철광석, 곡물을 실어 나르는 벌크 선박이 시장에서 거래되는 상황을 나타내는 지수입니다. 석탄, 철광석, 곡물 등을 실은 배들이 얼마만큼 원자재를 싣고 얼마만큼 자주 오가는지를 알려주는 지표이죠. 벌크 선박의 '이용비용'은 해상 기후, 환율, 운반물품의 수요와 가치에 따라 매일 변합니다. 발틱운임지수를 사고파는 것은 미래의 이용비용을 예측하여 현재의 시점에서 사고파는 것이죠.

뉴욕 상품거래소에서는 냉동 오렌지 주스도 선물로 거래합니다. 즉 다가올 특정 시점의 냉동 오렌지 주스의 값을 얼마에 미리 구입하는 형식입니다. 『대역전』이라는 영화를 보면 에디 머피 일당이 올해 오렌지 농사가 흉작이라는 거짓 소문을 퍼뜨려 높은 가격으로 오렌즈 주스를 판 후, 농무부에서 오렌지 농사가 예년수준이라는 발표가 나오자, 다시 싼 값에 사들이는 이야기가 나옵니다. 여기서는 오렌지 주스가 농사의 흉년과 풍년을 점쳐서 거래되는 선물상품인 셈이죠.

일본에는 와인 펀드가 유행입니다. 프랑스 보르도 지방의 포도주를 숙성되기 전에 대량으로 구입하였다가 숙성시켜 수년 후에 되파는 방식입니다. 한때는 수익률이 200%가 넘기도 했다고 합니다.

엄지손가락 하나에 74억 원에 달하는 보험을 든 남자가 나타났습니다. 자동차 레이스 챔피언인 페르난도 알론소가 바로 그 주인공입니다. 그는 엄지손가락 하나에 500만 유로, 2개에 1,000만 유로(148억 원)의 보험에 가입했습니다. 보험사 측에 의하면 엄지손가락은 자동차 운전에도 필요하지만 우승을 하고 나서 치켜들어야 하기 때문에 거액의 보험이 되었다고 말합니다.

2008년 우리나라에서는 '마미안심예금'이라는 금융상품이 출시되었습니다. 하루가 멀다고 일어나는 미아, 유괴, 납치 사건에 불안해하는 부모들을 위한 금융상품입니다. 이 상품에 가입하려면 25개월 이상된 자녀의 지문과 보호자의 연락처를 등록해야 합니다.

만약 자녀가 길을 잃었을 때는 전국에 있는 ××은행 지점을 찾아가면 됩니다. 그러면 은행에서는 사전에 입력된 정보를 검색해 아이를 부모에게 연락해줍니다. 자녀와 관련된 금융상품은 유괴나 인질, 납치 등의 사고가 발생했을 때에는 아이를 찾는 동안에 필요한 돈으로 매일 10만 원씩을 지급하는 상품 등 그 종류 또한 다양합니다.

애견이 가족의 일원이 되면서 애견을 위한 별난 상품들도 등장하고 있습니다. 인터넷상의 애견 작명소는 이미 옛날이야기이고 애견을 위한 입원비, 장례비 등 다양한 금융상품도 쏟아져 나오고 있습니다.

모 카드 회사에서 선보인 애견상품은 그 회사와 제휴를 맺은 애견 전문점에서는 5~15%, 애견 스튜디오에서는 20% 할인이 됩니다. 애견이 다쳤을 때는 일시불로 3백만 원까지 지급합니다. 이밖에도 애견정자 보험, 애견법률 보험 등 다양한 상품이 나오고 있습니다.

보이고 밟히는 돈, 부동산

부동산을 한자로 쓰면 不動産입니다. 움직이지 않는 자산이라는 의미이죠. 이처럼 부동산은 토지와 토지 위에 지은 건물을 가리키는 말입니다. 이와 반대로 움직이는 자산인 현금이나 유가증권 등은 유동자산이라고 부릅니다.

　부동산은 예로부터 부와 신분의 상징이었습니다. 부동산을 영어로는 'real estate'로 표기하는데, 이 'estate'라는 말은 신분을 나타내는 라틴어 'status'에서 나왔습니다. 부동산이 그 사람의 신분을 보여준다는 의미죠.

수요와 공급의 논리로 봤을 때 부동산은 공급이 제한되기 때문에 수요에 의한 영향을 많이 받습니다. 인구가 늘어나고, 도시가 확장되고, 도로가 나면 토지 가격은 오르게 마련이죠.

긴 시간으로 보면 세계 각국의 부동산 가격은 인플레이션율을 넘어서고 있습니다. 부동산 가격의 파격적인 상승을 보여주는 유명한 예로 뉴욕의 맨해튼이 있습니다. 맨해튼은 원래 인디언들이 살고 있던 넓이 57km^{2}의 섬이었습니다.

1626년, 네덜란드 신대륙 식민지의 초대 총독인 페테르 미노이트는 24달러를 주고 인디언들로부터 이 섬을 매입했습니다. 그것도 현금이 아닌 장신구와 물품을 주고 구입한 것이었습니다. 그렇게 헐값에 사들인 맨해튼은 현재 미국의 심장부가 되었습니다. 부동산 가격으로 따지면 아마도 수조 달러를 넘을 것이라고 합니다.

호기심 많은 경제학자들이 380년 전에 매입한 맨해튼의 가격을 복리로 계산해보았습니다. 매입 가격인 24달러를 연 7% 정도의 복리로 380년 동안 늘렸더니 무려 2조 9,000억 달러, 대략 3조 달러가 되었습니다. 이는 현재 맨해튼의 가격과 엇비슷한 금액입니다. 즉, 부동산의 가격은 복리로 늘어난다는 것이죠. 수익성으로만 본다면 더할 나위 없이 훌륭한 투자 방법이라고 볼 수 있습니다.

　1960년대 이래 우리나라의 토지시장은 부동산 투기가 문제였습니다. 부동산 투기가 문제가 되는 것은 부동산의 특성 때문입니다. 부동산은 다른 상품과는 달리 한정되어 있기 때문에 사적인 이윤추구의 대상이기보다는 공공의 이익이 우선되어야 한다는 의미가 강하기 때문이죠. 부동산투자와 투기의 차이는 장기적인 개발 이익을 올리느냐 단기적인 차익을 노리느냐로 구분할 수 있습니다.

　부동산투자에 있어서 유의해야 할 점은 안정성, 수익성, 환금성입니다. 안정성이 가장 높은 것은 은행 예금이지만 이자율이 낮기 때문에 은행 예금만으로는 큰 부를 쌓을 수 없습니다. 반면 주식이나 선물, 옵션 등은 큰돈을 벌 수도 있지만 반대로 투자금을 모두 잃을 수도 있습니다.

 토지는 안정성과 수익성은 좋은 편이지만 환금성이 어렵고 장기적으로 투자해야 한다는 단점이 있습니다. 하지만 부동산투자는 장기적인 안목과 충분한 개발 정보를 가지고 임하면 분명 큰 부를 쌓을 수 있는 분야입니다.

저요! 저요!
두근거리는 경매놀이

경매하면 무엇이 떠오르나요? 대부분 법원에서 이루어지는 경매를 떠올릴 것입니다. 하지만 경매가 꼭 법원에서만 이루어지는 것은 아닙니다. 여기 재미있는 경매 이야기가 있습니다.

2000년 워렌 버핏은 기상천외한 경매상품을 내놓았습니다. 화제의 경매품은 물건이 아니라, 워렌 버핏과 한 끼 식사를 할 수 있는 권리였습니다. 경매품의 기이한 형태도 놀랍지만 더욱 놀라운 것은 낙찰된 가격입니다. 경매는 매년 이루어지는데

2010년에는 그와의 식사가 263만 달러, 우리 돈으로 30억이 넘는 돈에 낙찰되었습니다. 그는 그 돈을 고스란히 자선단체에 기부했습니다.

그와 한 끼 식사를 위해 그처럼 많은 돈을 투자할 가치가 있을까요?

낙찰자들은 충분히 가치가 있다고 주장합니다. 비록 그와 한 끼의 식사를 같이하는 것뿐이지만 그에게 투자에 관한 노하우를 배울 수 있기 때문이죠.

경매의 기원은 고대 바빌로니아로 거슬러 올라갑니다. 이때에 거래된 상품은 주로 노예들이었어요. 근대적인 경매는 지금의 경매 전문회사인 소더비를 세운 새뮤엘 베이커가 1744년에 도서관 고서를 경매에 붙인 것으로 시작되었습니다.

전문 경매회사 소더비에서는 주로 고서를 취급하지만 1766년에 제임스 크리스티가 크리스티즈를 세워 미술품 경매를 시작하면서 경매는 세계적인 산업의 하나가 되었습니다. 지금 크리스티즈에서는 미술품은 물론 명품 와인, 보석, 희귀한 사진 등 80여 가지 분야에서 매년 450건의 경매를 합니다.

1999년 10월에 열린 크리스티즈 경매에서는 유명한 영화배우인 마릴린 먼로의 물건 576가지가 경매에 나왔어요. 그 중 먼로가 메이저리그 강타자 조 디마지오로부터 받은 3,000달러짜리 결혼반지는 77만 달러에, 케네디 대통령의 생일 축하연에서 입었던 하얀 드레스는 예상 낙찰가의 100배가 넘는 126만 달러에 낙찰되었습니다.

골동품이나 미술품, 희귀품 등의 경매가 활성화되는 이유는 취미생활도 되지만 그 물건들이 시간이 지날수록 점점 더 귀한 물건이 되어 훌륭한 투자 수단이 되기 때문입니다.

일반 경매는 법원의 개입 없이 일반인들 사이에 자유롭게 행해집니다. 상품 가치가 있는 것이면 모두 경매의 대상이 될 수 있지만 보통 골동품이나 미술품, 희귀품 등이 거래됩니다.

경매하면 빼놓을 수 없는 것이 법원에서 진행하는 부동산 경매입니다. 법원에서 진행하는 경매는 남의 돈을 빌린 사람인 채무자가 약속한 기일까지 돈을 갚지 못할 경우, 돈을 받을 사람인 채권자가 법원에 의뢰하여 채무자나 그 보증인의 재산_{부동산}을 압류하여 일반인들에게 처분하는 절차를 말합니다.

법원 경매는 비교적 싼 값에 부동산을 취득할 수 있는 방법 중 하나여서 투자의 수단으로 이용될 전망입니다. 하지만 법원 경매를 하려면 부동산에 관한 상당한 지식이 있어야겠죠?

숫자로 된 보고서, 회계
우리는 회계 삼총사
튼튼하고 잘생긴 기업을 찾는 방법!
진짜 모습을 보여줘! 분식회계
눈덩이처럼 불어난 거짓말의 최후, 미국의 금융위기
기업인들의 세계 공통어, IFRS를 아시나요?

회계를 모르면 부자가 못돼요!

숫자로 된 보고서, 회계

매년 연말이 되면 기업들은 대차대조표라는 것을 신문에 공고합니다. 이것은 1년 동안 기업활동의 내역을 숫자로 요약하여 주주들에게 보고하는 것이에요.

그 몇 줄을 보고 주주들은 1년 동안의 성과를 파악하고 투자를 결정합니다. 이때 그 몇 줄의 숫자가 무엇을 의미하는지 모른다면 합리적인 판단을 할 수 없겠죠?

조선시대의 대학자 정약용은 목민심서에서 대단히 놀라운 이야기를 했어요. 그것은 조선시대는 관리들이 회계를 몰라서 나라가 망할 것이라는 파격적인 예견이었죠.

무슨 말인가 하면, 조선시대에 벼슬을 하는 선비들은 과거 시험에 급급해 유학 경전만 읽기 때문에 막상 실무에 필요한 지식이 없다는 것입니다. 대학, 중용, 논어, 맹자를 줄줄 외고 **이기일원론**, **이기이원론**을 논하라면 잘하지만 막상 이들이 중책을 맡으면 실무를 몰라 아전들의 농간을 밝혀내지 못한다는 지적이었죠.

아전들이 나라의 재물을 빼돌리는 재주는 가히 신출귀몰한데 그것을 관리, 감독하는 관리가 그들의 부정행위를 밝힐 회계지식이 없다는 것이었습니다. 백성들이 열심히 일해서 낸 세금을 아전들이 자기 돈으로 빼돌린다면 나라 운영이 잘 될 수가 없겠죠?

기업도 마찬가지입니다. 경영자가 회계에 대한 안목이 없으면 기업도 위태로울 수밖에 없습니다.

정약용 [1762~1836]
조선 후기에 실학사상을 집대성한 한국 최고의 실학자이자 개혁가입니다. 그는 개혁과 개방을 통한 부국강병을 주장하였습니다.

목민심서 [牧民心書]
조선 순조 때 정약용이 지은 계몽 도서입니다. 지방 관리들의 잘못을 바로잡기 위해 옛 지방 관리들의 잘못된 사례를 들어 백성을 다스리는 도리를 설명하였습니다.

이기일원론 [理氣一元論]
성리학의 이기론에서 비롯된 이론 중 하나입니다. 만물의 본질적 존재인 이(理)와 만물의 현상적 존재인 기(氣)가 분리된 별개의 것이 아니라 하나라고 주장하는 이론입니다.

이기이원론 [理氣二元論]
만물의 존재가 이(理)와 기(氣) 두 요소로 이루어졌다고 설명하는 성리학의 이론입니다.

회계는 이처럼 상거래 행위가 누가 봐도 공정했다는 것을 나타내 주는 '숫자로 된 보고서'입니다. 그러기 위해서는 모두가 공감할 수 있는 통일된 작성 방식과 원칙을 따라야 합니다. 이렇게 확립된 방식이 요즘에 사용되고 있는 '복식부기'예요.

회계를 영어로는 book-keeping이라고 합니다. 거래의 내역을 기록한 장부라는 의미인데 물건을 사고, 팔고, 임대료와 인건비를 지출한 내역을 기록하는 장부입니다.

처음에는 일기를 쓸 때처럼 발생 순서대로 기록했지만 나중에는 유사한 거래끼리 분류해서 기록하게 되었습니다. 돈이 나간 것은 지출 항목, 돈이 들어온 것은 수입 항목 식으로 기록한 것입니다. 이것을 계정과목이라고 부르며 이것을 기록한 공책을 치부置簿 책 혹은 부기簿記라고 불렀습니다.

회계를 의미하는 영어 단어인 book-keeping북 키핑과 비슷한 발음의 한자어를 찾다가 부기簿記가 된 것입니다.

고대 문명을 보면 어디서나 회계의 흔적이 발견됩니다. 하지만 이때의 회계 장부는 대부분 토지 거래나 세수 목적의 장부 정도였습니다. 현대적인 의미의 복식부기는 15세기 르네상스의 발상지인 이탈리아에서 비롯되었어요. 당시 이탈리아는 대외 상거래가 활발하게 전개되었습니다. 그 중에서도 동양의 비단이나 향료는 인기품목이었죠.

그러나 외국무역은 늘 위험이 따랐어요. 때로는 풍랑을 만나기도 하고 해적선을 만나기도 했습니다. 성공만 하면 큰 이익을 남길 수 있지만 실패하는 날에는 전 재산을 잃을 수도 있었죠. 여기서 생겨난 것이 주식회사였습니다. 당시 주식회사는 위험을 분산시키기 위해 고안된 제도였죠.

몇 명이서 공동으로 투자하여 배를 구입하고 유능한 선장을 고용하여 무역을 시작합니다. 돈을 벌면 나누어 갖고 풍랑을 만

나도 각자가 투자한 만큼만 책임을 지기 때문에 전 재산을 잃는 일은 없었죠.

하지만 어느 시대나 그렇듯이 동업은 말썽의 소지가 많았습니다. 이익이 나도, 손해가 나도 분쟁이 일어나게 마련이었죠. 이것을 막기 위해서는 투명한 회계가 필요했어요. 그래서 고안된 것이 복식부기였습니다.

우선 빈 공간을 좌우로 나누어 왼쪽에는 '자본금'을 기재합니다. 이때 주주들이 투자한 돈은 자기자본, 빌린 돈은 타인자본이라고 부릅니다. 이 둘을 합친 것이 자본금이죠. 특이한 것은 남에게 빌린 돈인 부채도 자산으로 본다는 것입니다. 그리고 오른쪽에는 이 돈을 쓴 내역을 기록합니다. 이럴 경우 왼쪽 칸과 오른쪽 칸의 금액은 항상 일치합니다. 이것을 '대차평균의 원리'라고 부릅니다.

상품 100을 현금으로 구입했다면 왼편(차변)에는 자산의 증가 '100'이 되고 오른편(대변)에는 현금의 감소 '100'이 됩니다. 동일한 내역을 양변에 동시에 기재한다는 의미에서 복식부기라고 불리게 되었어요.

이 개념은 동양 사람들에게는 다소 생소할 수 있습니다. 그러나 유럽 사회에서는 하나의 거래를 양측이 일치하게 기록하는 관습이 있습니다. 거스름돈을 계산할 때 우리는 뺄셈을 하지만 유럽 사람들은 덧셈을 합니다. 예를 들어 1만 원을 주고 8천 원짜리 물건을 사면 우리는 10,000-8,000=2,000원으로 계산하여 거스름돈을 내주지만 유럽에서는 물건을 손님에게 건네주면서 물건값 '8천 원'을 먼저 생각합니다. 거기에 1,000원짜리를 얹어가면서 9천 원, 1만 원으로 덧셈을 하는 식입니다. 그리하여 손님이 낸 돈 1만 원은 그대로 손님에게로 되돌려준다는 개념입니다.

이렇게 사는 자와 파는 자의 계산이 일치하게 기록하는 것이 복식부기의 기본적인 개념입니다.

우리는
회계 삼총사

회계는 재무회계, 세무회계, 관리회계로 나누어집니다. 회계의 출발 자체는 재무회계였으나 세무, 관리로 범위가 넓어졌습니다.

재무회계는 기업의 재무상태와 경영성과를 주주나 이해관계자에게 보고하기 위해 작성합니다. 지금 전 세계에서 공통적으로 채택하고 있는 형태는 복식부기 방식입니다.

복식부기는 15세기 이탈리아의 수도사이자 수학자였던 파치올리에 의해 처음 고안되었어요. 그는 친구였던 레오나르도 다빈치에게 황금비율을 가르친 사람이기도 합니다.

재무회계의 목적은 기업의 내용을 경영자, 종업원, 주주, 채권자, 거래처, 고객 등의 다양한 이해관계자에게 정확히 알리는 것입니다. 당연히 공통의 표준 양식으로 작성되어야겠죠? 그리고 정부에서는 표준화된 양식으로 상거래 내역을 기록하도록 규정하고 있습니다.

황금비율
황금비율은 주어진 길이를 가장 이상적으로 둘로 나누는 비율로, 1:1.618로 황금비, 또는 황금분할이라고도 합니다.

과세권자
세금을 매기고 거두어들일 수 있는 권리인, 과세권을 가진 사람을 말합니다.

이해관계가 복잡한 상장기업의 재무회계는 공인회계사의 감사를 받도록 법으로 정하고 있습니다. 이때 공인회계사는 해당 기업이 기업회계 기준에 맞게 회계 처리를 해서 재무제표로 보고하고 있는지를 확인하고, 감사보고서에 그 적정성에 대한 의견을 보고합니다.

다시 말하면 공인회계사의 일은 특정 기업의 비리를 '감사' 하는 것이 아니라 기업의 회계 처리가 표준화된 방식으로 처리되었는지를 판단하는 것입니다.

세무회계는 말 그대로 기업활동의 결과로 발생한 이익에서 정부에 납부할 세금을 계산하기 위한 회계입니다. 재무회계가 이해관계자들이 수긍할 수 있도록 회계이론에 충실한 반면, 세무회계는 <u>과세권자</u>의 정책적인 목표 달성에 편리하도록 작성됩니다.

처음에는 이 두 회계 사이에 차이가 많았지만 이제는 상당히 줄어들었습니다. 예를 들면 기업의 <u>접대비</u>는 재무회계에서는 수익활동에 관련된 지출로 보아 비용으로 처리할 수 있지만 세법에서는 일정 한도를 초과한 것은 비용으로 인정하지 않고 있습니다.

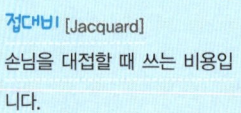

접대비 [Jacquard]
손님을 대접할 때 쓰는 비용입니다.

관리회계는 원가회계라고 불리기도 하고 의사결정회계라고 불리기도 해요. 회계학 초기에는 원가계산과 관련된 원가회계가 주류였지만 점차 그 범위가 넓어져 지금은 기업의 의사결정과 관련된 다양한 분야를 포함하고 있으므로 의사결정회계라고 이해하는 것이 좋습니다.

관리회계는 기업의 의사결정과 관련된 다양한 방법론을 다루고 있기 때문에 재무회계와 달리 반드시 지켜야 할 표준이 따로 없습니다. 즉, 의사결정자가 편리하게 볼 수 있으면 어떤 형태이든 무관하다는 의미입니다.

튼튼하고 잘생긴 기업을 찾는 방법!

우량기업을 판단하는 회계지표로는 매출과 자산 그리고 현재 자기자본의 상황이 있습니다. 매출은 상품 판매액이자 기업의 가장 중요한 수입이므로 기업을 성장하게 하는 가장 중요한 힘입니다. 매출이 늘어나지 않으면 어떤 기업도 우량기업이 될 수 없죠. 이렇듯 매출이 꾸준히 늘어나는 기업이 우량기업입니다. 반대로 매출이 줄어들거나 정체된 기업, 매출은 늘어났지만 기업의 성장세가 들쭉날쭉하거나 경제 성장률보다 낮은 기업은 주의해야 합니다.

기업의 자산은 자기자본+부채로 표기합니다. 기업을 운영하는 데에는 많은 돈이 들기 때문에 자본금만으로는 기업을 운영하기가 어렵습니다. 설비를 늘리고 마케팅 재원을 마련하기 위해서는 외부로부터 돈을 빌려야 합니다. 이렇게 진 빚을 흔히 부채라고 부릅니다.

회계학에서는 부채도 자산으로 분류합니다. 부채도 기업이 운용할 수 있는 돈이라고 생각한 것이죠. 자산은 주주의 돈과 외부에서 빌린 돈을 합친 개념입니다. 흔히 주주의 돈만 자산으로 생각하기 쉬운데요, 자산에는 부채도 포함된다는 점을 잊지 마세요.

하지만 부채는 언젠가는 갚아야 하는 돈이기 때문에 진정한 자산으로 볼 수는 없습니다. 그래서 회계지표를 볼 때는 더 꼼꼼히 따져봐야 합니다. 우량기업이라고 무턱대고 투자를 하다가는 낭패를 볼 수도 있으니까요.

우량기업은 자산에서 부채의 비중에 따라 우량기업과 초우량기업으로 나뉩니다. 매출과 자산이 함께 늘어나되, 자산보다는 매출의 증가가 더 빠른 기업은 우량기업이고, 자산이 늘어나지만 부채는 더 이상 늘어나지 않는 기업이 진정한 초우량기업입니다. 우량기업은 부채를 포함한 자산이 늘어나는 것이지만 초우량기업은 부채를 뺀 자산이 늘어나는 것이죠.

이제 자본금에 대해 알아볼까요?

기업의 자본은 자본금+자본잉여금+이익잉여금으로 구성됩니다. 자본금은 발행한 주식의 수에 주식의 발행 가격을 곱한 값입니다. 만약 5,000원짜리 주식을 100만 주 발행했다면 자본금은 50억 원이 되겠죠.

자본잉여금 [資本剩餘金]
자본잉여금이란 자본 거래에 따라 생기는 잉여금입니다. 잉여금이란 기업의 자산에서 법으로 정해진 자본금을 초과하는 금액을 말합니다.

보통 주식을 발행할 때는 기업의 가치가 반영되어 실제 화폐의 가격보다 높게 발행됩니다. 일반인을 대상으로 주식을 모집할 때 5,000원짜리 주식이 14,000원에 거래되는 것과 같습니다. 이때 5,000원과 14,000원의 차액인 9,000원이 자본잉여금이 됩니다. 100만 주를 발행한다면 90억 원이 자본잉여금이 되겠죠.

기업은 기업을 경영하여 발생한 이익을 주주에게 돌려줍니다. 이것을 배당금이라고 부릅니다. 그러나 이익금 전액을 주주에게 돌려주는 것은 아닙니다. 설비투자 등 기업발전에 필요한 투자를 대비해 이익의 일부를 회사가 가지고 있는 것이죠. 이것이 이익잉여금입니다. 다른 말로 재투자 여력이라고도 부릅니다. 이익잉여금 역시 자본입니다.

마지막으로 회계지표는 아니지만 꼭 짚어봐야 할 것은 시장점유율입니다. 회계지표가 모두 만족스럽더라도 시장 안에서 그 기업의 위치가 중간 또는 하위권이라면 주의해야 합니다. 어느 업종이든 돈을 버는 기업은 동종 업계에서 3위권 안에 들어야 합니다. 그 외의 기업은 아무리 매출이 많아도 실적과 연결되기가 어렵기 때문입니다.

진짜 모습을 보여줘!
분식회계

2007년 미국에서 발생한 금융위기는 월가 금융기업들의 분식회계 때문에 일어난 사건이었습니다. 회사는 적자가 나는데도 이익이 많이 나는 것처럼 속여서 투자가들을 끌어들이다가 적자가 누적되면서 줄줄이 부도가 난 것이었죠.

분식회계에서 말하는 '분'은 '분바르다' 할 때의 그 분粉자입니다. 성형수술로 추녀를 하루아침에 미녀로 둔갑시키는 것과 같은 이치입니다.

분식회계란 재무제표에 등장하는 자산이나 이익을 실제보

다 부풀려 우량기업인 것처럼 속인다는 의미입니다. 영어로는 'Window Dressing'이라고 표현하죠. 이 말은 가게의 진열장은 실제보다 더 그럴듯하다는 것에서 유래된 말입니다.

경영자들은 누구나 자신의 경영실적이 좋은 것처럼 보이고 싶어합니다. 경영성과가 좋은 것처럼 위장하여 주가를 올리려는 유혹도 있을 수 있겠죠. 반대로 무거운 세금을 피하기 위해서 이익을 줄이고 싶은 경영자도 있을 것입니다. 이런 경우에는 매출과 이익을 조작하려는 분식회계의 유혹이 따릅니다.

기업의 재무제표가 왜곡되면 투자자들은 엉터리 재무제표를 믿고 그 회사의 주식에 투자했다가 피해를 볼 수도 있습니다. 또한 금융기관에서는 그것을 믿고 돈을 빌려 주었다가 돈을 회수하지 못하는 사태가 일어날 수 있습니다. 국가적으로는 자원이 효율적으로 배분되지 못해 생산성이 떨어질 수밖에 없습니다. 기업들이 이런 식의 분식회계를 일삼는다면 외국 투자자들도 투자를 외면하게 될 것입니다.

흔히 쓰이는 분식회계 수법으로는 아직 판매하지 못한 재고자산이 마치 팔린 것처럼 가짜 매출전표를 끊어 매출채권으로 기록하는 방법과 있지도 않은 재고를 남아 있는 것처럼 꾸미거나 재고자산의 값어치를 높게 평가하는 방법이 있습니다.

또한 부채 항목을 누락시켜 빚이 적은 것처럼 보이게 하거나 가치가 없어진 자산을 장부에서 없애지 않고 옛날 가격대로 남아 있는 것처럼 꾸미는 방법도 흔히 이용됩니다.

이렇게 하면 수익 항목인 매출과 자산 항목인 매출채권이 실제보다 부풀려지는 결과를 낳게 됩니다.

분식회계에 의한 기업의 파산은 경영

매출전표
전표는 회사에서 돈의 출납이나 거래 내용을 적은 종이입니다. 매출전표는 매출을 기록한 전표를 말합니다.

매출채권 [賣出債權]
기업이 사업의 목적을 위해 재화를 팔거나 노동력을 제공하는 것에 관련된 신용채권을 말합니다.

실패에 의한 파산보다 사회적인 손실이 훨씬 더 큽니다. 재무제표를 제대로 작성했다면 이해관계자들은 재무제표를 통해 그 기업의 상태를 정확하게 알 수 있어야 합니다. 그래야만 주주들은 주가가 더 떨어지기 전에 주식을 팔 수 있고 금융기관 등 채권자들도 미리 빚을 회수할 수 있기 때문입니다.

눈덩이처럼 불어난 거짓말의 최후, 미국의 금융위기

2008년에 세계를 휩쓸었던 미국 발 금융위기는 엔론, 앤더슨, AIG, 리먼 브라더스 등 미국 기업들의 회계부정에서 비롯되었습니다. 그 여파로 우리나라는 외환위기 이후 가장 심각한 위기를 겪었습니다. 대표적인 사례로 엔론Enron 사를 봅시다.

엔론은 천연 가스 공급 회사였습니다. 그후 엔론은 석유, 전기, 펄프, 플라스틱, 금속, 금융, 고속 인터넷 등의 분야로 진출하면서 미국 최대 규모의 에너지 자원 및 원자재 판매회사로 성장했습니다.

1999년에는 엔론 온라인Enron Online을 설립하여 인터넷으로 중개사업의 효율성을 극대화했습니다. 에너지기업이 인터넷 비즈니스기업으로 변신한 것입니다. 엔론 온라인은 에너지 생산업체와 배송업체를 인터넷과 엔론 소유의 파이프라인으로 묶어 네트워크를 형성하면서 고객의 주문을 최대한 효율적으로 처리할 수 있게 되었습니다.

장기간의 가스 공급 계약을 맺으려면 과거에는 수많은 업체와 접촉하고, 회의하고, 계약을 수정하는 등의 과정을 거치며 9개월 정도의 시간을 기다려야 했습니다. 하지만 인터넷의 힘을 이용한 뒤로 엔론은 같은 규모의 초대형 계약을 단 몇 초 만에 처리할 수 있게 되었습니다.

이에 힘입어 1998년에 310억 달러였던 매출이 2000년에는 1,010억 달러를 기록하면서 엔론은 미국 경제잡지 〈포춘〉에서 선정하는 500대 기업 중 매출액 기준 7위에 오를 정도로 성장했습니다. 같은 기간에 '가장 혁신적인 기업'으로 선정되기도 했죠. '인터넷 시대의 시장 개척자'라는 명성도 함께 얻었습니다.

그러나 이런 엔론의 화려한 모습은 껍데기에 불과했어요. 엔론은 1997년부터 2001년까지 5년 동안 수익을 거의 6억 달러씩 부풀렸습니다. 이는 전체 수익의 $\frac{1}{5}$에 해당하는 금액이었죠. 이런 사실이 밝혀지면서 엔론의 주가는 순식간에 바닥으로 떨어졌습니다. 부채 상환이 불가능해진 엔론은 마침내 2001년 12월에 파산하고 말았습니다. 이때 파산한 엔론의 자산 규모는 498억 달러로, 총부채가 312억 달러였습니다. 이것은 미국 역사상 가장 거대한 파산으로 기록되었습니다.

엔론의 몰락은 회사 부실의 은폐와 조작에서 비롯되었습니다. 처음에 한 거짓말을 감추기 위해 더 큰 거짓말을 해야 했던 것입니다. 나중에는 악화된 수익 구조를 감추기 위해 부채와 관련된 사항을 삭제해버리거나 실적을 더 쉽게 조작하려고 외부에 독립된 조직체들을 만들어 수익과 손실을 바꾸는 편법도 마다하지 않았습니다.

떨어지는 수익률을 극복하기 위해 엔론은 초고속 인터넷, 금속, 금융 등 다양한 분야로 사업을 확장했지만, 무리한 확장은 오히려 회사를 최악의 상황으로 몰아넣었습니다.

금융당국이 엔론의 부정을 알면서도 눈감았다는 일각의 주장에 대해서 금융당국은 몰랐다고 주장했습니다. 몰랐다는 이유가 더 재미있는데요, 당시 금융감독의 총책임자인 연방준비은행의 버냉키 의장은 80세에 가까운 노인이어서 첨단 금융기법인 '파생상품'이 무엇인지 그 내용을 알지도 못했다고 합니다.

기업인들의 세계 공통어, IFRS를 아시나요?

2008년 미국에서 시작된 금융위기는 파생상품에서 비롯되었습니다. 원래 파생상품의 목적은 위험을 분산하는 것이었는데 실제로는 일종의 도박이 되어버렸습니다. 왜 파생상품은 도박이 되어버렸을까요? 그 이유를 살펴보겠습니다.

  요즘 중동의 소요사태로 석유 가격이 불안합니다. 지금의 석유 가격이 배럴당 90달러라고 가정해봅시다. 석유 가격이 오를 것이라고 생각한 A는 6개월 후에 원유를 받는 조건으로 배럴당 100달러의 가격으로 계약을 했습니다. 물론 A는 계약금만 지급했습니다. 실제로 6개월 후에 원유 가격이 100달러 이상으로 올라도 A는 원유를 100달러에 받을 수 있는 것이죠. 가격이 더 올랐을 때를 대비해 위험 분산을 한 것입니다. 원유 가격이 100달러가 되면 배럴당 10달러, 110달러가 되면 배럴당 20달러를 버는 셈이죠.

이렇듯 상품 가격의 움직임을 상품화한 것이 파생상품입니다. 파생상품은 개인 간의 거래로 보기 때문에 회계장부에 기입하지 않아도 된다는 커다란 허점이 있습니다. 실제로는 기업이 부실해져도 장부상으로는 여전히 우량기업을 유지할 수 있다는 것이죠.

미국의 금융위기는 이런 파생상품으로 발생한 손실을 숨기면서 더욱 큰 부실로 이어졌습니다. 국제결제은행BIS은 최근 몇 년 동안 전 세계의 수많은 은행이 문을 닫고, 세계 증권시장에서 50조 달러가 사라졌지만, 파생상품 시장은 65% 가량 성장했다고 밝혔습니다.

파생상품 시장은 현재 700조 달러로 짐작됩니다. 세계의 2009년 국내총생산은 69조 8,000억 달러였고 미국은 14조 2,000억 달러였습니다. 그렇다면 전 세계의 GDP보다 더 큰 규모의 도박자금이 흘러 다닌다는 의미이죠. 만약 이러한 파생상품으로 부풀려진 거품이 붕괴된다면, 서브프라임 신용붕괴 위기를 훨씬 뛰어넘는 전 세계적인 피해를 입을 수도 있습니다.

그래서 생겨난 것이 IFRS라고 불리는 국제회계기준입니다. 영어로는 International Financial Reporting Standard입니다. 국제회계기준은 기업의 회계 처리와 재무제표에 대한 국제적 통일성을 높이기 위해 국제회계기준위원회에서 마련한 회계기준입니다. 이 기준을 따르면 부실기업이 장부를 조작하여 우량기업으로 속이는 것은 막을 수 있겠죠.

EU 국가들은 2005년부터 이를 적용하고 있으며, 우리나라에서도 매출 2조 원이 넘는 주요 기업들은 2011년부터 IFRS의 적용을 의무화하고 있습니다. 적용 대상 기업의 숫자는 1,782개에 이릅니다. 미국은 아직 국제기준을 적용하지 않고 있으며 자신들의 기준인 US-GAAP를 사용합니다.

전문가들은 이것으로 기업의 상황이 상당 부분 투명해지겠지만 완벽하지는 못하다고 지적합니다. 어떤 회계기준을 적용하더라도 기업이 자신의 치부를 그대로 드러내지는 않을 것이라는 생각이죠. 좀 더 완벽한 회계원칙이 확립되어 장부만 보고도 거래를 할 수 있는 환경이 되려면 좀 더 오랜 시간이 필요할 것 같습니다.

쉽게 찾아보세요

ㄱ
가치투자 122
경매 145
고학력 인플레이션 60
관리회계 158
광우병 54
국제결제은행 171
국제회계기준 172
국채 112
그라민 은행 108
금융위기 170

ㄷ
다섯 번째 원소 43
단리 90
대기자금 119
대차대조표 150
대차평균의 원리 154
독립사건 64

ㄹ
레이더 숫자 39

ㅁ
마케팅 19, 160
매출전표 165
매출채권 165
모의투자 129
몬티홀의 법칙 72
뮤추얼펀드 113
미식축구 78

ㅂ
발틱운임지수 138
배당금 118, 161
배반사건 65
백분율 26
복리 90
복리의 마술 94
복식부기 152, 154
부기 152
부동산 141
부자지수 21
부채 160
분수 25
분식회계 163
불확정성 이론 125
비경제활동인구 59
비과세 102

ㅅ

사채 96
산술평균 29
상하한선 121
선물거래소 138
선물시장 131
세무회계 157
소더비 146
소수 26
수비학 37
수익성 144
순자산 22
시세차익 118
시장점유율 161
실수 32
실업자 58

ㅇ

아리스토텔레스 43
아인슈타인 94
안정성 144
약속어음 114
양자역학 69, 125
어음 114
연방준비은행 169
예대마진 106
옵션 135
우량기업 159, 171
워렌 버핏 122
원가회계 158
유가증권 112
유대인 88
유동자산 141
유클리드 43
의사결정회계 158
이익잉여금 161
이자율 89
이혼율 56
인플레이션 81, 142

ㅈ

자본금 154, 160
자본잉여금 161
재무재표 129, 157
재무회계 156
절사평균 30
절상 98
절하 98
정다면체 43
정사각형 44
정삼각형 43
정오각형 45
조건부 확률 74
조지 소로스 125
종속사건 65
주식 118

주식회사 153
증거금 133
증여세 102
지방채 112

ㅊ
청년실업 60
체감 실업률 59
초우량기업 160
치부 152

ㅋ
크리스티즈 146

ㅌ
통계 55, 58
특수채 112

ㅍ
파생상품 12, 170
펀드 113
평균 29
플라톤 45
플라톤의 입체도형 45
피타고라스 37

ㅎ
허수 32
확률 61, 68
환금성 144
환어음 114
황금비율 157
회계 150
회계지표 160
회사채 112
효용가치 87

기타
% 34
%P 34
10% 법칙 14
120의 법칙 15
20배의 법칙 16
2차 파생상품 12
35% 법칙 15
3개월의 법칙 16
4가지 원소 42
72의 법칙 94
CD 115
GNP 30
IFRS 172
MMF 113
US-GAAP 172

교실에서 절대 배울 수 없는
'교과서 밖, 고품격 학습교양!'

상위 1% 학생들만 즐기는
고품격 학습교양 100

이영직 지음 | 사륙판 | 372쪽 | 11,800원

Society ; 하인리히 법칙·깨진 유리창 법칙·나비 효과·마이너리티 인플런스 현상·피터의 원리·단테의 법칙·링겔만 효과와 사회적 태만·파동 이론·오컴의 면도날 법칙·도전과 응전의 법칙·1:99의 법칙·세렌디피티 법칙·탈리오의 법칙·시나리오 기법·델파이 기법……

Economy ; 후광 효과·최소량 곱셈의 법칙·250명의 법칙·게임 이론과 내쉬 균형·풍선 효과·외부 효과·마태 효과와 메칼프의 법칙·오쿤의 법칙·시그모이드 곡선 이론·파레토의 법칙·긴 꼬리의 법칙·거미집 이론·WXYZ 이론·스마일 커브의 법칙·밴드왜건 효과·란체스터의 법칙……

Science ; 자연선택의 법칙·가우스의 법칙·가이아 이론·볼테라의 법칙·베르누이의 정리·이륙-추진-균형의 법칙·퀀텀 점프 이론·형태장 이론·헨리의 법칙·케플러의 법칙·베버의 법칙·도플러 효과·최소작용의 원리·최소량의 법칙·에너지 보존의 법칙·르 샤틀리에와 에밀 렌츠의 법칙……

Mathematics ; 피보나치의 수열·알래스카와 72의 법칙·도박과 파스칼의 확률 이론·확률과 대수의 법칙·항등식 문제·피타고라스의 역설·완전수·무한등비급수·페르마의 마지막 정리·눈먼 수학자·오일러·함수의 역사·π의 역사·리만의 가설·3대작도 불능 문제……

Psychology ; 피그말리온 효과·위약 효과·근접성 효과와 유사성의 법칙·머피의 법칙과 샐리의 법칙·정보의 제시순서 효과·반전의 법칙·원근의 법칙·1만 시간의 법칙·제로 베이스의 법칙·논리의 패러독스·질투의 법칙·마지노선의 법칙·위위구조의 법칙·기동력과 승수 효과……

"질문을 바꾸면 공부가 즐거워진다!"

유대인의 자기주도 학습 비법은
질문을 통한
'완전 학습!', '체험 학습!'

질문형?
소크라테스에서 빌 게이츠까지 '천재들의 공부 습관!'
학습법!

이영직 지음 | 신국판변형 | 240쪽 | 10,800원

질문을 통한 학습은 '자기주도 완전학습!'
몰랐던 것, 궁금해 하던 것을 가슴에 의문부호로 품고 있다가 누군가의 설명으로 알게 되면 거의 일생 동안 잊히지 않는다. 듣기만 하는 수업이 '단순 기억'의 차원이라면 질문을 통한 공부는 '이해'의 차원이기 때문이다. 그래서 질문을 통한 학습을 '자기주도의 완전학습'이라고 부른다.

질문을 통한 학습은 '체험학습!'
질문은 자전거 타기와 같다. 10시간 자전거 타기 이론을 공부하는 것보다는 1시간 동안 직접 자전거를 타 보는 것이 훨씬 더 효과적이듯이 별 다른 목적의식 없이 몇 시간 공부하는 것보다는 1시간이라도 의문을 가지고 책을 읽는 것이 훨씬 더 효과적이다. 그래서 질문을 통한 학습을 '체험학습'이라고 한다.

'머리 싸매는' 경제학은 가라,
길거리에서 건져 올린 '생활 속' 경제학!

교실 밖, 펄떡이는 경제 이야기

이영직 지음 | 4·6배판변형 | 320쪽 | 값13,500원

• • •

경제학자는 모두 돈을 벌었을까?
퇴근길 오른쪽 자리가 왜 가게의 명당일까?
은행은 왜 가장 좋은 건물 1층에 있을까?
그 많던 공중전화와 우체통은 어디로 갔을까?
아파트 가격을 국가가 왜 좌지우지할 수 없을까?

• • •

대부분의 경제학 책들이 어려운 용어와 공식, 복잡한 논리전개 위주로 쓰여 있어 우리의 흥미를 떨어뜨리고 있었던 게 사실이다. 그러나 교실 밖을 나서면 '살아서 펄떡이는' 진짜 경제학을 만날 수 있다.
《교실 밖, 펄떡이는 경제 이야기》는 우리의 일상생활 속에 놀라운 경제원리가 숨어 있음을 알려주는 책이다. 갖가지 재미있는 일화와 사례를 들어 명쾌하게 설명한다. 또한 책 속의 책 '쑥쑥 논술연습과 만화, '아람이와 슬기의 경제데이트'가 이해를 돕고 읽는 즐거움을 더한다.

선생님, 숫자가 참 좋아요 지은이 이영직
펴낸이 이종록 책임편집 박선정 기획마케팅 백소영 경영지원 이지혜 펴낸곳 스마트비즈니스
등록번호 제 313-2005-00129호 등록일 2005년 6월 18일
주소 서울시 마포구 성산동 293-1 201호
전화 02-336-1254 팩스 02-336-1257 e메일 **smartbiz@sbpub.net** ISBN 978-89-92124-82-9 13320
초판1쇄 발행 2011년 3월 20일

*스마트주니어는 스마트비즈니스의 아동 브랜드입니다.